깨끗한 부자

KB200238

크리스천이 고민하는 돈 문제의 명쾌한 해답

깨끗한 부자

김동호 지음

청부

규장

성경에서 발견한,
돈에 대한 근사한 가르침

예수님은 "네 보물 있는 그곳에는
네 마음도 있느니라"(마 6:21)라고 말씀하셨다.
돈은 보물이다.
돈을 어떻게 생각하고, 어떻게 벌고,
어떻게 쓰는가를 보면
그의 마음과 신앙과 삶을 알 수 있다.

종교마다 돈에 대한 철학과 가르침이 있다.
미신적인 종교일수록 돈을 복으로 생각하며,
신앙의 목적이 돈이 된다.
부자 되기 위하여, 사업에 성공하기 위하여 신앙한다.

그것은 기독교 신앙도 마찬가지다.
그렇게 되면 기독교 신앙이
미신적인 신앙의 수준으로 떨어지게 된다.
우리는 그것을 '기복신앙'이라고 부른다.

종교의 수준이 좀 높아지면 반대적인 현상이 나타난다.
물질을 유치한 것으로, 하찮은 것으로,
멀리해야 하는 것으로 취급한다.
무욕, 무소유, 청빈이
높은 신앙적 가치와 수준으로 여겨진다.
기독교인들 중에도
이런 생각을 가진 사람들이 많이 있다.

그러나 내가 성경을 통해 배우게 된 것은,
다시 말해 돈에 대한 성경의 생각과 가르침은
이 둘 다 아니었다.
아주 균형 잡힌, 근사한 생각과 가르침이었다.
그것을 함께 나누고 싶어서
2001년 《깨끗한 부자》를 출판했다.

많은 비판을 받았다.
비판을 넘어 비난도 많이 받았다.

《깨끗한 부자》를 출판한 지 벌써 20년이 넘었다.
고집이 세서 그런 것일까?
생각이 변하질 않았다.
남에게 가르치기 이전에 먼저 살아보았다.
쉽지는 않았다.
그러나 좋았다.

그렇게 살면서 페이스북에도 계속 글을 쓰고,
최근에는 내가 매일 '날마다 기막힌 새벽'을 올리고 있는
유튜브 채널에서 '비전아카데미'라는 이름으로
'깨끗한 부자' 특강을 하기도 하였다.

규장에서 그간 올린 페이스북 글과
'깨끗한 부자' 특강의 내용을 보강하여
《깨끗한 부자》 개정판을 만들어주었다.
얼마나 잘 편집해주었는지 모른다.

개정판에는 초판에 썼던 내용대로 살아왔던,
그렇게 살기 위해 애써왔던 내 삶의 이야기가
함께 담겨 있어서 책이 좀 더 풍성해지고 생생해졌다.
개인적으로 참 마음에 드는 책이 되었다.
독자 여러분에게도 그랬으면 좋겠다.
소명감과 애정을 가지고 좋은 책을 새롭게 만들어준
규장에 감사한다.

2023년 5월

김동호

당신에게 돈의 의미는 무엇인가?

목사안수를 받은 지 20년이 넘었다. 그동안 나는 참으로 많은 설교를 해왔다. 그 많은 설교 가운데 내가 가장 많이 이야기하고 강조한 것은 무엇일지 생각해보았다. 그것은 단연코 '돈'이었다.

돈을 터부시하여 설교 중에는 돈 이야기를 평생 하지 않았다는 목회자도 어렵지 않게 만날 수 있다. 이 정도는 아니더라도 강단에서 돈 이야기를 많이 하지 않는 것이 보편적이다. 그러나 나는 설교 열 번 중 최소한 예닐곱 번은 돈 이야기를 했다고 할 만큼 돈과 관련된 메시지를 많이 증거했다.

내가 설교 중에 하는 돈 이야기는 주로 헌금에 관한 것이다. 특히 십일조와 구제에 대한 이야기를 많이 한다. 설교를 들은 교인들이 조심스럽게 불평 아닌 건의를 하더라도 나는 "교인들이니까 말로 하지, 내 아들 같으면 때려서 가르칠 겁니다"라며 좀처럼 물러서지 않았다. 내 말은 사실이다. 내가 내 아이들에게 가장 열심히 가르치고 싶은 것 역시 '돈', 특히 십일조와 구제에 대해서이다.

2000년부터 나는 주일 낮 예배시간에 복음서의 예수님 말씀만 골라 설교했다. 그러다가 마태복음 6장 19절과 20절의 "너희를 위하여 보물을 땅에 쌓아두지 말라 거기는 좀과 동록이 해하며 도둑이 구멍을 뚫고 도둑질하느니라 오직 너희를 위하여 보물을 하늘에 쌓아두라 거기는 좀이나 동록이 해하지 못하며 도둑이 구멍을 뚫지도 못하고 도둑질도 못하느니라"라는 말씀으로 몇 달 동안 '신앙과 돈'이라는 주제로 설교했다.

이 설교를 하면서 나는 크리스천들이 '돈'에 대해 너무 모르고 있다는 생각을 하게 되었다. 교회에 다니고 있더라도 신앙이 깊지 못한 사람은 돈에 대해 일반적으로 세상적인 생각을 갖고 있는 한편, 신앙이 깊은 사람들은 돈에 대해 불교나 유교적인 생각을 갖고 있었다. 또 이것을 기독교적이며 신앙적인 생각으로 알고 있음을 발견했다. 그래서 나는 교인들에게 돈에 대해 좌로나 우로나 치우치지 않는 바른 기독교적 이해를 심어주려고 노력했다. 그러나 생각처럼 쉽지 않았다.

돈을 축복으로 알고 있는 교인들에게 돈은 축복이 아님을 설교하는 것은 어렵지 않았다. 어느 누구도 이 설교를 듣고 반박하지 않았다. 그러나 청빈(淸貧)을 기독교적 신앙으로 알고 있는 교인들에게 청빈은 훌륭한 것이지만 이것이 기독교의 가장 궁극적인 목표가 아니라는 것과 기독교의 궁극적인 목표는 오히려 청부(淸富)라는 것을 강조하여 설교했을 때는 얼마나 많은 반박과 저항(?)이 있었는지 모른다. 이런 내용의 설교를 한 날이면 어김없이 교회 인터넷 게시판에 엄청난 양의 글이 올라왔고 치열한 논쟁이 벌어지곤 했다.

나는 경제에 대해 문외한이다. 경제를 공부해본 일이 전혀 없다. 그러나 성경을 읽고 설교를 하면서 하나님이 돈에 대해 어떤 생각과 자세를 갖고 계시는지 알게 되었다. 나는 그것을 교인들에게 알려주고 싶었다. 좌로나 우로나 치우치지 않는 절묘한 하나님의 입장을 가르쳐주고 싶었다. 나는 안타까운 마음으로 교인들에게 설교했다.

설교 중에 워낙 돈 이야기를 많이 하는 사람이다 보니 여러 편의 설교를 통해 줄곧 다루어온 내용을 다시 책으로 묶게 되었다. 설교 원고를 그대로 출판할까도 생각했지만, 독자들과 함께 '돈 문제'에 대해 좀더 깊이 있게 생각해보기 위해 새로운 마음가짐으로 꼼꼼히 원고를 재정리했다.

설교할 때보다 책을 엮는 과정이 더 어려웠다. 막상 책으로 내려고 원고를 쓰다보니 생각지 않은 어려움이 많았다. 그런데도 무사히 탈고하여 책을 낼 수 있게 된 것은 전적으로 '규장 탓'이다. 규장의 열심어린 채근 덕에 기한 안에 원고를 마무리할 수 있었으니 말이다. 이제껏 꽤 많은 책을 냈지만 이번만큼 원고 독촉이 심했던 적은 없었던 것 같다. 저자인 나보다도 이 책에 더 많은 애정을 보여준 규장 편집부원들에게 깊이 감사한다.

이 책을 읽는 많은 독자들이 돈 잘(바르게) 벌고 돈 잘(바르게) 쓰는 사람이 되었으면 좋겠다. 그리하여 경제가 어려운 이 때에 예수 믿는 사람들 때문에 우리 경제가 잘 돌아갔으면 하는 바람이다.

김동호

돈지갑의 회개

청부(淸富)의 길

清富

PART 1

신앙과
돈

chapter 1

돈은 복이 아니다

물질관이 있는가?

바른 생활, 특별히 바른 신앙생활을 위해 중요한 것 가운데 하나는 돈에 대한 바른 신학과 신앙을 가지고 그대로 사는 일이다. 세상에 돈만큼 우리에게 소중한 것도 없고, 돈만큼 우리 생활과 밀접한 것도 없다. 한순간도 돈 없이 살 수 없는 게 우리의 현실이다. 그러므로 돈에 대해 바른 이해와 철학을 가지고 사는 일은 매우 중요하다. 그렇지만 많은 사람들이 돈에 대한 바른 이해와 철학 없이 살아가기 때문에, 돈이 많아도 인생에 실패하고 돈이 적어도 인생에 실패하는 우를 범한다.

그것은 기독교인들도 마찬가지이다. 바른 신앙생활을 위해서는 무엇보다도 돈에 대한 바른 신학과 신앙을 갖는 것이 중요한데, 오늘날 많은 신앙인들이 돈에 대한 바른 신학과 신앙을 갖지 못하고 있다.

기독교인들의 돈에 대한 신학과 신앙은 대개 두 가지로 나타난다. 하나는 물질을 터부시하는 유교적인 물질관이며, 다른 하나는 물질을 축복으로 여기는 기복적인 물질관이다. 그러나 이 두 가지 물질관으로는 기독교의 물질관을 설명할 수 없다. 기독교인 가운데 기독교의 물질관이 기복적 물질관과 다르다는 것을 아는 사람은 많다. 그러나 물질을 터부시하는 유교적 물질관과도 다르다는 것을 아는 사람은 그리 많지 않은 것 같다. 하지만 분명한 것은 기독교의 물질관이 기복적인 물질관도, 돈을 터부시하는 유교적인 물질관도 아니라는 사실이다.

이제부터 나는 돈에 대한 바른 신학과 신앙의 정립을 위해서 기독교적인 물질관에 대해 논해보려고 한다. 이 기회에 그동안 물질에 대해 갖고 있던 선입관을 벗어버리고 냉정히, 그리고 꼼꼼하게 성경적인 재물관에 대해 깊이 생각해볼 수 있기 바란다.

부자 크리스천, 가난한 크리스천

가장 먼저 생각해볼 문제는 "돈은 복이 아니다"라는 것이다. 많은 교회에서 교인들에게 물질을 복으로 가르치며 예수를 잘 믿으면 물질의 복을 받게 된다고 설교한다. 그러나 그 것은 사실이 아니다. 물론 보편적으로 예수를 잘 믿으면 물질적으로 안정되고 넉넉해진다. 그러나 그것이 절대적이지는 않다. 예수를 잘 믿어도 얼마든지 가난해질 수 있고 예수를 안 믿어도 얼마든지 부자가 될 수 있기 때문이다. 이것은 부인할 수 없는 사실이다.

그렇다면 예수를 잘 믿어도 가난해질 수 있고 예수를 안 믿어도 부자가 될 수 있는 이유는 무엇일까? 그것은 물질이 복인데 하나님이 계시지 않기 때문이거나, 하나님이 계신데 물질이 복이 아니기 때문이거나 둘 중 하나이리라. 신앙인은 하나님이 계시다는 것을 부인할 수 없다. 또 하나님이 그분을 믿고 따르는 자들에게 복 주시는 분이라는 것도 부인할 수 없다.

> 믿음이 없이는 하나님을 기쁘시게 하지 못하나니 하나님께 나아가는 자는 반드시 그가 계신 것과 또한 그가 자기를 찾는 자들에게 상 주시는 이 심을 믿어야 할지니라 히 11:6

그러나 예수님을 믿는 사람들 중에도 가난한 사람이 있고 예수님을 믿지 않는 이들 중에도 부자가 있다는 것은, 물질이 우리에게 아무것도 아닌 것은 아니지만 우리가 생각하는 것처럼 우리를 행복하게 하는 궁극적인 것도 아님을 의미한다.

예수님은 우리에게 "너희를 위하여 보물을 땅에 쌓아두지 말라"(마 6:19)라고 말씀하셨다. 이 말씀에는 "보물을 땅에 쌓아두는 일은 너희를 위하는 일이 아니다"라는 의미가 담겨 있다. 그렇기 때문에 예수님은 "너희를 위하여 보물을 땅에 쌓아두지 말라"라고 말씀하신 것이다.

그러나 많은 사람들은 자기 자신을 '위하여' 땅에 보물을 쌓아두려고 최선을 다한다. 그들은 자기 자신을 '위하여' 가장 먼저 해야 할 일이 보물을 땅에 쌓아두는 것이라고 생각한다. 이것은 믿는 사람이나 믿지 않는 사람이나 큰 차이가 없다. 예수님은 보물을 땅에 쌓아두는 것이 우리를 '위하는' 일이 아니라고 말씀하시는데도 사람들은 물질을 복이라고 생각한다. 그리고 그 물질이 우리를 잘 살게 한다고 확신한다.

우리는 흔히 돈이 많은 사람을 '잘 사는 사람'이라고 하고 돈이 없는 사람을 '못 사는 사람'이라고 한다. 그러나 그것은 아주 잘못된 생각이다. 돈이 많은 사람을 부자라고 부를 수는 있어도 그를 '잘 사는 사람'이라고 불러서는 안 된다. 마찬가지로 돈이 없는 사람을 '못 사는 사람'이라고 불러서도 안 된다. 돈이 없는 것은 못 사는 것이 아니라 그냥 가난한 것이다.

"그 집 엄청 잘 살아"

큰아이가 초등학교 1학년 때 친구 집에 놀러갔다 온 적이 있다. 집에 온 아이가 호들갑을 떨면서 "그 집 엄청 잘 살아"라고 하기에 이유를 물었다. 그러자 자가용이 두 대고, 집에 풀장이 있고, 카메라가 도둑을 지키고 있다는 것이다. 그 당시 집에 자가용이 한 대만 있어도 부자였는데, 자가용이 두 대에 CCTV 카메라가 있는 집을 봤으니 아이가 놀란 것이다.

나는 그 얘기를 들으면서 우리 아이가 '잘 산다'라는 말을 잘못 쓰고 있다는 생각을 했다. 자가용이 두 대 있고 집에 풀장이 있는 집을 보고 와서는 "그 집 엄청 부자예요"라고 얘기했어야 한다. 그러나 우리 아이는 "잘 산다"라고 했다.

돈 많은 사람은 부자지, 잘 사는 사람이 아니다. 하지만 우리는 다 이렇게 쓴다. 부자와 잘 사는 사람을 동일시한다. 그래서 '잘 산다, 행복하다'라고 할 때는 무조건 돈이 많아야 한다는 생각을 하는 것이다.

돈은 우리를 부자 되게 할 수는 있는데, 우리를 잘 살게는 못 한다. 내 인생의 가장 복된 깨달음이 바로 이것이다. 돈은 나를 부자 되게 만들 수는 있어도, 나를 잘 살게는 못 한다. 나를 훌륭하게도 못 한다.

물질에 대해 바른 생각을 가지고 살려면 우선 돈이 많은 사람을 잘 사는 사람이라고 해서는 안 된다. 또 돈 없는 가난한 사람을 보고 못 사는 사람이라고 해서도 안 된다. 돈이 많은 사람은 부자이고, 돈이 없는 사람은 가난한 사람일 뿐이다. 그렇게 생각하고 그렇게 말해야 한다. 절대로 부자를 잘 사는 사람, 가난한 사람을 못 사는 사람이라고 생각하거나 그렇게 말해서는 안 된다.

만족은 없다

돈이 축복이 되지 못하는 까닭은 복음 때문이다. 복음 중의 복음은 하나님이 우리를 사랑하신다는 것이다. 하나님은 나와 당신을 사랑하신다. 우리는 이 복음을 믿어야만 한다.

사랑은 사랑받는 대상을 존귀하게 하는 능력이 있다. 나는 내 아이들을 사랑한다. 아비인 내게 사랑하는 내 아이들은 아주 귀한 존재이다. 천하보다 귀하고 내 생명보다 귀하다. 다른 사람에게는 그냥 수많은 이들 가운데 한 명에 불과하지만 아비인 내게 내 아이들은 천하를 주고도 바꿀 수 없는 귀한 존재이다.

하나님은 나와 당신을 사랑하신다. 그러므로 우리는 하나님께 아주 귀한 존재이다. 천하보다 귀한 존재이다. 예수님은 우리에게 "사람이 만일 온 천하를 얻고도 자기 목숨을 잃으면 무엇이 유익하리요"(막 8:36)라고 말씀하셨다. 또 "사람이 무엇을 주고 자기 목숨과 바꾸겠느냐"(막 8:37)라고 말씀하셨다. 이것은 우리의 생명이 천하보다 크고 귀하다는 말씀이다.

사람은 부하든 가난하든, 많이 배웠든 못 배웠든, 세상적인 지위가 높든 낮든 간에 모두 천하보다 크고 귀한 존재이다. 한 사람 한 사람이 온 천하보다 크고 귀하다는 것이야말로 기독교의 아주 중요한 인간 이해이다. 여기에는 매우 중요한 삶의 비밀이 들어 있다. 그것은 우리가 천하보다 크고 귀한 존재이기 때문에 사람은 어느 누구를 막론하고 이 세상에서 만족함을 얻을 수 없다는 것이다. 우리는 천하보다 크기 때문에 천하를 다 얻어도 그것으로 우리의 삶을 채울 수 없다.

나는 2005년에 할아버지가 되었다. 무녀독남 외아들로 커서 늘 외로웠는데 큰아들 내외가 임신한 소식을 전해주었을 때 얼마나 기뻤는지 모른다. 그때 큰아들 부부가 계룡대에 살았는데, 아버지 보여준다고 산부인과에서 받은 초음파 사진을 들고 왔다. 사진을 보니 흡사 벌레 같은 것이 있었는데, 크기가 2.8센티미터였다. 정말 신기해서 보고 또 보고 또 봤다. 그리고 그다음 날 교회 홈페이지에 글을 썼다.

"우주보다 더 크고 귀한 2.8센티미터."

사랑하는 손주가 생겼다는 소식에 그 사랑이 '우주보다 더 크다'는 사실이 내 마음에 확 와닿았다. 사랑은 이렇게 사람을 귀히 여기는 것이다.

하나님은 인간을 창조하실 때 귀하게 창조하셨다. 하나님이 우리를 귀히 여기셔서 천하보다 귀하게 지으셨다. 그렇기 때문에 천하를 다 얻어도 우리는 만족할 수 없는 것이다.

'행복하다'는 말을 '만족하다'는 말로 바꾸어 쓸 수 있다. 만족한 것이 곧 행복한 것이기 때문이다. 다윗은 시편 23편에서 자신의 만족과 행복을 "내 잔이 넘치나이다"라는 말로 표현했다. 그러나 우리가 온 천하를 다 얻어 삶의 잔에 채우더라도 그 잔은 절대로 채워지지 않을 것이다. 하나님이 우리를 사랑하셔서 우리를 천하보다 크고 귀하게 창조하셨기 때문이다.

자기가 바라던 것, 욕심내던 것을 얻으면 처음에는 만족해한다. 그러나 그 어떤 것도 조금만 지나면 그저 그런 것이 되고 만다. 이 만족은 절대로 영원할 수 없다. 어릴 때 우리 집은 가난했다. 아버지가 중고등학교 수위로 근무하셨기 때문에 그 월급으로 사는 것이 쉽지 않았다. 그러나 어머니가 살림을 알뜰하게 하셔서 내가 중학교 3학년이던 1965년, 처음으로 집을 사서 이사하게 되었다. 어린 나이였지만 그 일이 얼마나 좋던지 도무지 잠을 잘 수 없었다. 그날 밤 나는 끝내 잠을 설치고 말았다. 그러면서 '평생을 셋방살이하다가 처음으로 집을 사서 이사했는데, 첫날부터 쿨쿨 잠을 잔다면 사람도 아니다. 그게 곰이지 사람이냐?' 하는 생각을 했다.

돈이 주는 만족이 있다. 잠을 잘 수 없을 만큼 만족게 하는 힘과 능력이 돈에 있다. 그리고 보면 세상에 돈만큼 좋은 것도 없다. 그래서 사람들이 돈, 돈 하는 것이고 그것을 땅에 쌓아두려고 그처럼 애쓰는 것이다. 그런데 문제는 여기에 있다. 처음으로 집을 사서 이사한 날, 나는 잠도 제대로 자지 못할 만큼 만족하고 행복했다. 그러나 그런 만족감과 행복감이 도대체 며칠이나 갔느냐는 것이다. 그것은 정확히 하루였다. 만일 내가 이 일로 이틀 사흘씩 잠을 못 잤다면 사람들은 지나치다고 생각했을 것이고, 일주일간 잠을 못 잤다면 틀림없이 나를 병원에 입원시켰을 것이다. 미치지 않고는 그럴 수 없기 때문이다. 사람은 천하에 그 어떤 것을 얻어도 끝끝내 만족하고 행복할 수 없는 존재다. 집을 사서 이사한 것이 처음에는 그렇게 좋더니만 얼마 지나지 않아 시들해지고 만 것처럼 말이다.

진짜 복과 가짜 복

돈이 우리를 잘 살게 하고 행복하게 했다면, 우리 세대처럼 행복할 사람이 없을 것이다. 내가 태어날 때 우리나라는 세계

최빈국 수준이었다. 그런데 70년 조금 더 지난 지금 우리나라가 어떻게 변했는가? 선진국의 반열에 들었다. 가장 가난한 시절에 태어나서 70년 만에 이렇게 잘 살게 된 역사는 전 세계적으로 한국의 우리 세대밖에 없을 것이다.

그러니까 돈이 우리를 잘살게 했다면, 지금 한국의 우리 세대처럼 행복한 사람들이 없을 것이다. 그런데 누구를 붙잡고 "요즘 어떻게 사십니까?" 하고 물어봐도 다들 "그럭저럭 삽니다" 이상의 대답이 나오기가 쉽지 않다. 이것이 돈의 한계다.

예전보다 넉넉하게는 사니 감사한 일이고 좋은 일이지만, 그것이 '행복하게 잘 산다'에까지는 미치지 못한다는 것이다. 이것을 아는 것이 굉장히 중요하다.

주는 나의 주님이시오니 주밖에는 나의 복이 없다 하였나이다 시 16:2

주밖에는 우리의 복은 없다. 주님만 우리의 복이고, 그러니 주님 안에만 우리의 복이 있다. 나는 이 말씀을 그렇게 해석했다. 사탄은 우리를 자꾸 주님 밖으로 나오도록 유인한다. 그런데 주님 밖에는 복이 없으니 사람들이 안 나온다. 그래서 가짜 복을 만들어놓고 "여기도 복이 있으니까 나오라"고 사기를 친다. 사탄은 사기꾼이지 않은가. 가짜 복을 제법 그럴 듯하게, 꼭 진짜처럼 만들어놨다. 그러나 아무리 진짜 같아도 그건 진짜 복이 아니다. 진짜 복인 줄 알고 나가면 사기를 당하는 것이다.

평안과 편안. 평안은 진짜 복이다. 돈은 우리를 평안하게 하는가, 편안하게 하는가? 편안하게 한다. 돈의 힘은 편안함에 있다. 그러나 돈은 절대로 우리에게 평안을 주지는 못한다. 평안은 믿음에서만 온다. 평안이 진짜 복이기 때문이다. 예수님에게서만 얻을 수 있는 진짜 복.

시편 23편에서 다윗은 "여호와는 나의 목자시니 내게 부족함이 없으리로다 그가 나를 푸른 풀밭에 누이시며"라고 했다. 그러나 양은 눕지 않는다. 약한 동물은 눕지 않고 웅크리고 잔다. 바스락 소리만 나도 얼른 뛰어야 하기 때문이다. 모든 약한 동물은 불안이 기본이다. 약한 동물이 누웠다는 것은 살기를 포기했다는 말이다. 다윗이 이 사실을 몰랐을 리가 없다.

그런데 다윗은 '누워 잔다'라는 표현을 썼다. 이 단서가 있기 때문이다.

"여호와는 나의 목자시니…."

믿음이 주는 가장 큰 복은 평안이다. 이것이 돈이 줄 수 없는, 하나님 안에 있는 진짜 복이다.

물질의 은사

솔로몬은 세상의 온갖 부귀와 영화를 누렸던 사람이다. 부
귀와 영화와 쾌락이 물이 바다로 흘러들어가듯 자연스럽게 솔
로몬에게 흘러들어왔다. 하지만 솔로몬은 삶의 만족을 얻을
수 없었다. 솔로몬은 전도서에서 자신의 심정을 다음과 같이
고백하고 있다.

> 헛되고 헛되며 헛되고 헛되니 모든 것이 헛되도다 … 모든 강물은 다 바
> 다로 흐르되 바다를 채우지 못하며 강물은 어느 곳으로 흐르든지 그리로
> 연하여 흐르느니라 전 1:2-7

강물이 쉬지 않고 바다로 흘러들어가듯이 모든 부귀와 영
화와 쾌락이 솔로몬에게 흘러들었는데 솔로몬은 왜 만족할
수 없었던 것일까? 거기서 만족과 행복을 얻으려고 한 것이 헛
된 일일까? 솔로몬이 만족할 수 없었던 것은 복음 때문이었
다. 하나님께서 지극히 사랑하시고, 천하보다 크고 귀하게 창
조하셨기 때문에 천하를 다 얻은 솔로몬이었지만 그것으로
그의 삶을 채울 수 없었던 것이다.

사람들은 자신의 불만족과 불행의 원인이 소유의 넉넉지 못
함에 있다고 생각한다. 사람들은 소유가 넉넉하면 만족스럽

고 행복해질 줄 안다. 그래서 열심히 땅에다 보물을 쌓지만 이것은 지혜로운 일이 아니다. 이것은 어리석은 일이며 헛된 일이다.

그래서 예수님은 우리에게 "너희를 위하여 보물을 땅에 쌓아두지 말라"(마 6:19)라고 말씀하셨다. "보물을 땅에 쌓아두는 것은 너희를 위하는 일이 아니다"라고 말씀하신 것이다. "물질은 너희들이 생각하는 것처럼 너희들의 삶의 잔을 채워줄 수 있는 복과 보물이 아니다"라고 말씀하신다.

물질은 복이 아니다. 물질은 복이 아니라 은사에 가깝다. 하나님께 물질을 받아 부자가 된 사람은 물질의 복을 받은 것이 아니라 '물질의 은사'를 받은 것이다. 복은 예수님을 믿으면 누구나 다 받지만 은사는 예수님을 믿는다고 해서 누구나 다 받는 것이 아니다.

예를 들어, 방언은 복이 아니라 은사이다. 그렇기 때문에 예수님을 믿는다고 해서 누구나 다 방언을 받는 것은 아니다. 물론 그렇게 가르치는 교회도 있지만 그것은 성경의 가르침이 아니다. 방언은 복이 아니라 은사이기 때문에 받을 수도 있고 받지 못할 수도 있다. 나는 목사지만 방언의 은사를 받지 못했다. 그렇다고 해서 내가 성령의 은사를 받지 못한 사람이라고는 생각지 않는다. 나는 다만 성령의 은사 가운데 방언이 아닌 다른 은사를 받은 것뿐이다. 그러나 구원은 은사가 아니라 복이다. 구원은 복이기 때문에 하나님을 믿으면 누구나 다 받는다. 역으로 하나님을 믿지 않으면 천하에 그 어떤 사람도 구원받을 수 없다.

은사는 주(主)를 위하여 쓰라고 주시는 것이다. 물질도 주를 위하여 바로 쓰라고 주신다. 하나님이 우리에게 물질을 주시는 것은 복으로 누리라고 주시는 것이 아니라 하나님을 위하여 바로 사용하라고 주시는 것이다. 그러므로 우리가 하나님께 물질을 놓고 기도할 때는 "물질의 복을 주시옵소서"가 아니라 "물질의 은사를 주시옵소서"라고 기도해야 한다.

은사는 쓰면 늘고 쓰지 않으면 소멸하는 특징이 있다. 주를 위해 바로 쓰지 않으면 물질의 은사 역시 자연 소멸하게 될 것이다. 반면 물질의 은사를 받은 사람이 하나님의 뜻대로 물질을 잘 사용하면 하나님께서는 그에게 더 큰 물질의 은사를 주시리라고 나는 믿는다.

개처럼 번다?

하나님께 물질의 은사를 받지 않았는데도 부자가 된 사람들이 있다. 이것은 물질이 부어지는 통로가 꼭 하나님만은 아니라는 증거이다. 물질은 하나님께로부터 올 수도 있지만 반대로 사탄과 마귀를 통해서도 얼마든지 올 수 있다. 그러니 돈이 많은 부자라고 해서 그를 무조건 잘 사는 사람이라고 하는 것은 매우 위험한 생각이다.

우리는 우리가 소유한 물질이 과연 하나님으로부터 온 것인지 아닌지를 늘 판단해야 한다. 우리에게 억만금이 주어진 대도 하나님으로부터 온 것이 아니면 그것은 복(福)이 아니라 화(禍)가 되기 때문이다. 그러므로 돈은 하나님의 방식과 법(法)대로만 벌어야 한다. 하나님의 방식과 법대로 번 돈이라야 하나님이 주시는 돈이 된다. 수단과 방법을 가리지 않고 번 돈은 하나님께 비롯된 돈이 아니며, 복이 아니라 화가 된다.

우리 속담에 "개처럼 벌어 정승처럼 쓴다"라는 말이 있다. "개처럼 번다"는 말이 직업의 귀천을 가리지 않는 것을 의미한다면 그것은 옳다. 그러나 수단과 방법을 가리지 않고 무조건 돈만 버는 것을 의미한다면 그것은 옳지 않다. 그런데 우리는 이 속담을 후자의 뜻으로 사용하는 예가 많다. 돈을 개처럼 벌어서는 안 된다. 무조건 돈을 벌 것이 아니라 하나님의 방식과 법대로 버는 것이 중요하다.

하나님의 방식과 법대로 돈을 벌어도 그것을 하나님의 뜻대로 쓰지 않으면 그 돈은 하나님과 상관없는 돈이 되고 만다. 하나님의 방식과 법대로 버는 일도 중요하지만 하나님의 뜻대로 바로 쓰는 일은 더 중요하다.

성경은 우리가 주인이 아니라 청지기임을 말씀하고 있다. 우리는 물질에 대해서도 주인이 아니라 청지기여야 한다. 물질의 주인은 하나님이시다. 우리는 하나님의 뜻대로 그 돈을 사용하는 청지기, 즉 회계에 불과하다. 그런데 우리는 가끔 이 사실을 잊어버린다. 그래서 성경에 나오는 어리석은 부자처럼 하나님의 뜻과는 상관없이 내가 가진 재물이 모두 나의 것인 양 오직 나 자신만을 위해 창고를 크게 짓고 그것을 쌓아두려 할 때가 많다.

"모로 가도 서울만 가면 된다"는 식으로 수단과 방법을 가리지 않고 돈을 벌었다면, 그 돈은 절대로 하나님의 은사일 리 없다. 또 큰 부끄러움 없이 정직하게 돈을 벌었다고 해도 돈에 대한 욕심 때문에 그 돈을 하나님의 뜻대로 사용하지 않았다면, 즉 하나님이 그 돈의 주인 노릇 하시도록 하지 않고 자기가 그 돈의 주인 노릇 하려 했다면 그 돈 역시 하나님의 은사가 아니다. 그런 돈은 복이 되지 못하며 오히려 우리를 저주하게 될 것이다.

아무리 돈이 많아도 그것을 모두 자기 것으로 알아 욕심 사납게 땅에 쌓아두고 하나님의 뜻대로 사용하지 않으면 그 사람의 물질은 하나님으로부터 온 것이 아님을 알아야 한다. 하나님의 뜻대로, 선한 청지기처럼 바르고 정직하게 물질을 사용할 때 그 물질은 하나님께로부터 온 것이다.

예수님을 믿는다는 부자 중에도 '어리석은 부자' 같은 사람이 있다. 그들은 절대로 잘 사는 게 아닌데도 사람들은 무조건 그들을 잘 사는 사람, 하나님의 복을 받은 사람이라고 말하며 부러워한다. 하지만 이것은 천부당만부당한 말이다. 그런 사람은 잘 사는 사람이 아니라 못 사는 사람이다. 그들은 복을 받은 사람이 아니라 저주를 받은 사람이다. 왜냐하면 그들은 그 돈 때문에 구원을 얻지 못할 것이기 때문이다. 예수님은 그런 부자들이 천국에 들어가는 일이 얼마나 어려운지, 낙타가 바늘구멍으로 들어가는 것보다 더 어렵다고 말씀하셨다.

그런 사람들의 돈이 천국의 문을 바늘구멍으로 만들어놓는다. 그러니 그런 돈이 어떻게 축복이 될 수 있겠는가? 그것은 축복이 아니라 화이자 저주이다. 돈이면 무조건 축복인 줄 아는 어리석음에서 한시바삐 벗어날 수 있기를 바란다.

세상이 채울 수 없다

《부자 아빠 가난한 아빠》라는 베스트셀러가 있다. 이 책은 독자들에게 부자가 되는 법에 대해 말한다. 물론 부자가 되는 일이 나쁜 일이 아니고 부자가 되는 데도 방법이 있으니 그것을 배우는 것이 잘못은 아니다. 하지만 나는 이 책이 범하고 있는 보편적인 잘못을 알고 있다. 그것은 이 책이 부자가 된다는 것을 인생의 성공, 즉 잘 사는 길로 단정하여 말하고 있다는 점이다.

이 책을 통해 우리는 부자가 되는 법을 배울 수 있다. 또 그것으로 부자가 될 수도 있다. 하지만 우리는 이 책을 통해 절대로 잘 사는 사람이 되는 길을 배울 수 없고 또 그렇게 될 수도 없다. 행복하고 만족스러운 삶을 사는 사람이 될 수 없다는 말이다. 오히려 '부자 아빠는 유능한 아빠요 가난한 아빠는 무능한 아빠'라고 배우고 세뇌당한다면 어려서부터 인생에서 매우 중요한 사실을 놓치거나 착각하게 되어 결국에는 참으로 잘 사는 사람이 되기 어려울 것이다.

"너희를 위하여 보물을 땅에 쌓아두지 말라"라는 말씀은 돈을 땅에 쌓아두는 것이 우리를 '위하는' 일이 아니라는 중요한 진리를 일러주는 말씀이다. 돈을 쌓아두는 것이 우리를 위하는 일이 아닌 까닭은 무엇인가? 돈이 우리가 생각하는 것만큼 우리에게 대단한 것이 아니라는 의미이다.

하나님은 우리를 사랑하셔서 우리를 천하보다 크고 귀하게 창조하셨다. 그러므로 인간은 누구를 막론하고 세상에 있는 것으로는 그 삶을 채울 수 없다. 세상에 있는 것으로 행복할 수 없고 만족할 수 없다. 돈은 귀한 것이고 좋은 것이지만 그

것으로 우리를 채울 수 없다. 우리의 삶을 채울 수 있는 분은
오직 하나님 한 분뿐이시다. 그분의 말씀만이 우리의 삶을 채
울 수 있다. 그래서 예수님은 하나님의 나라, 즉 천국을 하나
님의 말씀과 뜻이 이루어지는 나라라고 해석하신 것이다.

성도는 가난할 수밖에 없다?

돈이 하나님과 그분의 말씀을 대신하고 있는 세상에서, 예
수님을 믿는 사람들마저 돈에 대해 세상사람들과 똑같은 생
각을 가지고 살아간다니 안 될 말이다. 돈을 복으로 생각하
지 않고 은사로 여기며 사는 사람들이 되기 바란다. 억만금이
생겨도 하나님의 뜻과 방법이 아니면 당당하게 "아니오"라고
말할 수 있는 사람, 한 푼을 벌어도 하나님의 뜻과 방법대로
벌겠다는 고집으로 살아가는 사람이 되기 바란다.

하나님의 뜻과 방법을 고집하다보면 가난해질 수 있다. 그
러나 하나님의 뜻과 방법을 고집하면 항상 가난해진다고 생
각하는 것은 옳지 않다. 그것은 믿음 없는 패배주의적인 생각
이다. 하나님의 뜻과 식대로 돈을 벌어야 부자가 되는 세상이
좋은 세상이다. 그런 세상을 꿈꾸며 기도하는 사람, 그런 세
상이 실현되도록 노력하는 사람이 되기 바란다. 하나님께서

은사로 넉넉한 물질을 주시면 욕심부리지 말고 하나님의 뜻대로 잘 선용할 줄 아는 선한 청지기가 되도록 힘쓰기 바란다.

세상에는 주(主)를 위하여 돈 쓸 줄 모르는 어리석은 부자들이 얼마나 많은지 모른다. 그리스도인이라면 마땅히 정당하게 돈 버는 법뿐만 아니라 정당하게 돈 쓰는 법도 배워야 한다. 하나님은 돈을 쓸 줄 아는 사람에게 돈을 맡기신다. 그래야만 돈이 잘 돌기 때문이다. 돈이 잘 도는 것은 너무나 중요한 일이다. 왜 경제가 어려워지는 걸까? 그것은 돈에 대한 은사와 소명이 없는 어리석은 부자가 많기 때문이다. 돈에 대한 은사와 소명이 없는 어리석은 부자가 많아지면 많아질수록 세상은 나빠질 것이다. 돈이 돌지 않으면 더불어 경제가 나빠지기 때문이다.

하나님을 잘 믿는 사람은 소명감을 가지고 열심히 돈을 벌어야 한다. 부자가 되어야 한다. 그리고 하나님이 은사로 주신 물질을 선한 청지기처럼 잘 사용하여 세상에 돈이 잘 돌도록 해야 한다. 그러나 예수님을 믿는 사람은 세상사람들처럼 돈을 복으로 여기며 살아서는 안 된다. 돈은 복이 아니다. 돈은 은사요, 소명이다.

하늘에 보물 쌓는 부자가 되는 법 1

1 보물을 땅에 쌓아두는 것은 우리를 '위하는' 일이 아니다.
  물질은 우리를 잘 살게 하지 못한다. 그런데도 사람들은 돈 많은
  사람을 잘 사는 사람으로, 돈 없는 사람을 못 사는 사람으로 생
  각한다. 그러나 이것은 잘못된 생각이다.

2 물질은 복이 아니라 은사다.
  복은 예수를 믿으면 누구나 받으나 은사는 예수 믿는다고 다 받
  는 것이 아니다. 성도 가운데도 가난한 자가 있는 것은 물질이 은
  사임을 보여준다. 은사는 주를 위해 쓰라고 주신 것이다.

3 하나님의 방식과 법대로 벌어라.
  물질은 하나님께로부터 올 수도 있지만 사탄에게서 올 수도 있다.
  하나님의 방식과 법대로 벌어야만 하나님이 주시는 돈이 된다.

chapter 2

악성 가난

가질수록 가난하다

1988년 겨울, 나는 승동교회 담임목사를 사임하고 다시 영락
교회 협동목사로 부임하였다. 승동교회에 가기 전에 영락교회
부목사로 시무한 적이 있던 내가 다시 영락교회에서 시무하
게 되자 교인들은 마치 친정 온 딸을 맞듯 나를 반겨주었다.
마침 성탄절을 앞둔 터라 교인들이 보내온 과일이며 케이크가
제법 많았다.

　그걸 보신 어머니는 너무나 기분이 좋으신 듯했다. 아버지
가 학교 수위로 일하실 때에는 명절이 되어도 변변한 선물 하
나 받아본 일이 없었는데, 이제는 당신 집에도 과일 상자가
다 들어오는구나 생각하니 흐뭇하셨던 모양이다. 아이들에게
"너희들은 아버지 잘 두어서 좋겠다"라는 말씀을 몇 번이고

하시는데 그 말씀 속에는 '내가 아들 하나는 잘 낳았지!' 하는 자랑이 섞여 있었다. 나는 평생 가난으로 고생하신 어머니가 가난의 한을 푸신 것 같아 기분이 좋았다. 하나님께 마음속 깊이 감사드렸다.

그런데 어느 날 저녁, 집에 돌아오니 아내가 걱정을 하고 있는 것이 아닌가? 아내는 집에 먹을 것이 너무 많다보니 아이들이 먹을 것 귀한 줄 모르고 감사할 줄 모른다고 걱정했다. 어느 권사님 한 분이 케이크를 들고 오셨는데, 아이들이 고마워하는 것 같지 않더라는 얘기였다. 그도 그럴 것이 집에 케이크가 쌓였는데 또 케이크를 들고 오셨으니 고마울 리 없었던 것이다.

"아이들이 먹을 것 귀한 줄을 모른다"라는 아내의 말이 다음날까지 하루 종일 내 머리에서 떠나지 않았다.

'귀한 줄을 몰라? 귀한 것이 없어? 그렇다면 그거 가난한 거 아냐?'

이런 생각을 하면서 나는 내 아이들이 가난해져가고 있다는 것을 알았다. 귀한 것이 없다면 그것은 가난한 것이다. 귀한 것을 너무 많이 가지고 있다보니 귀한 것이 흔한 것이 되어서 결국 귀함을 모르는 것이다.

생각해보니 귀한 것이 없는 것보다 귀한 줄 모르는 것이 훨씬 더 심각한 가난이라는 생각이 들었다. 그때 내 머릿속에 떠

오른 말이 '악성 가난'이라는 말이다. 나는 내 아이들이 가난 중에서도 아주 질 나쁜 '악성 가난'에 빠졌다는 것을 알게 되었다. 악성 가난뱅이가 되었다는 사실을 깨달았다.

지나친 소유가 부른 가난

집에 돌아와 아이들에게 그 이야기를 들려주었다. 그리고 어떻게 하면 좋겠냐고 물었다. 그러자 아이들은 너무 많아서 가난해지는 거라면 그것을 좀 없애면 되지 않겠냐고 대답했다. 간단하지만 아주 정확한 계산이었다.

'그렇지! 너무 많아서 가난해졌다면 좀 없애면 다시 부해지겠지.'

나는 이런 생각을 하며 가게에 가서 은박지로 된 일회용 도시락과 커다란 비닐봉지를 샀다. 그리고 집에 쌓인 과일과 케이크를 나누어 담기 시작했다. 금방 여러 개의 자루가 만들어졌다. 아이들과 의논하여 그것을 다 처분(?)하였다. 청소부 아저씨, 신문을 돌리는 학생, 육교 위에서 구걸하는 걸인들에게 봉지에 담은 과일과 케이크를 나누어주었다.

그리고 며칠 후, 저녁식사를 마친 다음 아내에게 사과를 먹자고 했더니 사과가 없다고 한다. 다른 때도 아니고 성탄절을 얼마 앞둔 시점에 영락교회 협동목사 집에 사과가 없다니, 그래도 없다는데 어쩌겠는가? 사과가 없다고 하니 더 먹고 싶어졌다. 할 수 없이 가게에 가서 사과 몇 개를 사왔다. 그리고 그것을 나누어 먹었다. 그 사과는 유난히 맛있었다. 그때 나는 우리가 드디어 다시 부자가 되었다는 사실을 깨달았다. 왜냐하면 우리에게 다시 귀한 것이 생겼고, 무엇보다 사소한 것 하나라도 귀한 줄 알게 되었기 때문이다.

평범한 이야기 한 편이지만 우리는 여기서 매우 중요한 진리를 배울 수 있다. 그것은 지나친 소유가 오히려 우리를 가난하게 만든다는 것이다. 그것도 그냥 가난한 사람이 아니라 아주 질이 나쁜 가난뱅이가 되게 한다는 점이다. 건강한 생활을 위해서 체중을 조절해야 하듯이, 보다 중요한 건강을 위해서 우리는 '부'를 조절할 줄 알아야 한다.

나는 아이들에게 나만 잘 먹고 잘 사는 것은 잘 사는 것이 아니라는 것을 가르쳐주고 싶었다. 그런 면에서 보면 세상에 정말 부한 사람은 몇 안 되는 것 같다. 물론 가진 것이 없어서 가난한 사람도 많다. 하지만 귀한 것들을 많이 소유하고도 오히려 그것 때문에 가난해지는 사람들도 많다. 소유하기 전보다 더 질 나쁜 가난뱅이가 되는 것이다.

진정한 부함은 소유에 있는 것이 아니라 나눔에 있다. 우리는 이 사실을 꼭 기억해야 한다.

하늘에 보물 쌓는 부자가 되는 법 2

1 귀한 것을 소유하고도 귀한 줄 모르면 '악성 가난'이다.
   가진 것이 없어서 가난한 사람도 많다. 이에 반해 귀한 것들을 많
   이 소유하고도 귀함을 모르는 것은 오히려 더 질 나쁜 가난뱅이다.

2 진정한 부(富)는 소유에 있지 않고 나눔에 있다.
   이웃과 나누는 가운데 부해지는 기쁨을 맛볼 수 있다. 나눔은 연
   례행사로 그칠 것이 아니라 크리스천의 생활이 되어야 한다.

chapter 3

돈은 악이 아니다

사람에게 달렸다

신앙인으로서 물질에 대해 반드시 알아야 할 중요한 사실 가운데 하나가 바로 물질은 복이 아니라는 것이다. 돈은 절대로 우리를 잘 살게 할 수 없다. 돈은 절대로 우리를 구원할 수 없다. 우리를 축복할 수 없다. 우리는 돈 정도로 채워지는 하찮은 존재가 아니다.

돈은 복이 아니다. 예수를 믿는다고 해서 누구나 부자가 되는 것이 아니기 때문에 돈은 복이 아니라 은사라고 했다.

그러므로 돈 많이 벌어 부자가 되는 것을 인생의 목적으로 삼아서는 안 된다. 그것을 성공이라고 생각해서도 안 된다. 부자가 되는 것 자체가 나쁘지는 않지만 인생의 목표로 삼을 만큼 중요하지도 않다.

돈이 복이 아니라고 해서 돈 자체가 화가 되는 것은 아니다. 돈은 선이 아니지만 그렇다고 악도 아니다. 돈은 선도 아니고 악도 아니다. 복도 아니고 화도 아니다.

우리나라가 불교와 유교 영향권에 있어서 그런지, 돈을 무조건 죄악시하는 경향이 있는 것 같다. 그래서 성경도 그렇게 말하는 것으로 오해하곤 한다. 그러나 돈은 그냥 돈이다. 돈은 악과 선 그리고 화와 복이 될 만한 것이 못 된다.

정직하게 벌고 하나님의 뜻대로 바로 쓰면 돈은 선이 되고 복이 된다. 그러나 정직하게 벌지 않고 하나님의 뜻대로 쓰지 못하면 악이 되고 화가 된다. 악과 선, 화와 복은 사람에게 달린 것이지 돈 자체에 달린 것이 아니다. 성경은 돈이 복이 아니라고 말씀하시지 돈이 화라는 말씀은 하지 않는다.

돈을 사랑함이 일만 악의 뿌리가 되나니 이것을 탐내는 자들은 미혹을 받아 믿음에서 떠나 많은 근심으로써 자기를 찔렀도다 딤전 6:10

이것은 돈을 사랑하는 것이 일만 악의 뿌리가 된다는 말씀이지 돈 자체가 일만 악의 뿌리가 된다는 말씀은 아니다. 이 점을 잘 구별하지 못하면 참으로 엉뚱한 결론에 이르게 된다. 그중 하나가 바로 돈을 무조건 죄악시하는 금욕주의이다. 그러나 이것은 잘못된 생각이다.

돈 자체가 우리에게 복을 주고 화를 주는 것이 아니라 돈에 대한 생각과 자세가 우리에게 화와 복이 되는 것이다. 그것은 돈뿐만 아니라 다른 것도 마찬가지다. 사람들은 돈에 대해 좌로나 우로 치우치는 경향이 많다.

은퇴 후에 아들이 좋은 외제 차를 사주었다. 아버지가 은퇴도 하고 나이도 많아지고 했으니, 좋은 차 한번 타보라고 사준 것 같다. 아들에게 차를 샀다는 얘기를 듣고 걱정이 앞섰다. '저걸 어떻게 타고 다니나. 말들이 많을 텐데' 싶어서. 그래도 아들이 사준 차이니 타고 다녀야겠다고 생각했다. 아비에게 저 차를 사주려고 몇 년을 준비한 아이의 마음을 알기 때문이다. 그래서 SNS에 이실직고했다. 아들이 외제 차를 사주었다고.

아나나 다를까, 많은 말들이 오고갔다. 심하게 얘기하는 사람들도 있었지만 대개는 이런 반응이었다.

"목사님, 이제까지 존경했는데…."

이제까지는 존경했는데 외제 차를 탄다니 갑자기 존경할 수 없다는 것이다. 이 생각에 나는 동의를 할 수 없었다. 존경의 기준이 외제 차를 타고 안 타고에 있다면, 그것은 옳지 않다고 생각했다. 부자는 신앙적이지 않고 세속적이라는 생각이 광범위하게 깔려 있어서 벌어지는 오류라고 생각했다.

나를 변명하거나 부자를 변호하기 위한 말이 아니라, 이것은 성경적인 가르침이 아니다. 성경에 가난한 사람들이 많이 나온다. 예수님도 가난하셨고, 세례 요한도 가난했다. 부자도 많이 나온다. 욥도 큰 부자였고 다윗도 부자였다. 사도 바울도 그 출신이 요즘 말로 금수저였다. 그러나 성경은 그런 것을 평가의 잣대로 삼지 않는다. 부자면 욕심이 많은 사람이고, 가난하면 훌륭한 사람이라고 평가하지 않는다. 그 사람 자체를 볼 뿐이다.

저축은 땅에 보물 쌓는 일?

믿는 사람들 가운데는 "너희를 위하여 보물을 땅에 쌓아두지 말라"라는 말씀을 저축을 해서는 안 된다는 말씀으로 해석하는 사람이 많다. 그래서 저축하는 사람을 믿음 없는 사람, 또는 세속적인 사람으로 매도하는 경우가 있다. 특히 목회자가 저축하는 것을 거의 금기하다시피하여 저축하는 목회자를 삯꾼으로 치부하는 경우도 많다.

그러나 이것은 잘못된 생각이다. 예수께서 "너희를 위하여 보물을 땅에 쌓아두지 말라"라고 말씀하신 것은 돈을 하나님처럼, 더 나아가 하나님보다 더 믿고 의지하지 말라는 말씀이지, 돈에 대해 바른 계획을 세우고 규모 있게 저축하며 사는 것을 금하신 말씀은 아니다.

성경은 우리에게 저축을 금하는 말씀을 하지 않는다. 오히려 노후와 어려운 때를 위하여 미리미리 저축해두는 지혜를 가르쳐주고 있다. 우리는 그 근거를 요셉에게서 찾을 수 있다.

애굽의 바로가 꿈을 꾸었을 때 요셉은 그것이 7년 풍년과 7년 흉년에 대한 꿈으로, 흉년을 대비하라는 하나님의 계시라고 해석했고 그 점을 바로에게 일러주었다. 바로는 그 해석이 옳다고 생각하여 요셉에게 그 뜻대로 행하게 하였다. 요셉은 하나님의 계시대로 7년 풍년에 7년 흉년을 대비하여 창고를 짓고 곡식을 비축해두었다. 그래서 애굽뿐 아니라 주변의 모든 나라, 특히 자기 민족 이스라엘을 구원할 수 있었다.

우리 인생에도 7년 풍년과 7년 흉년이 있다. 청년과 장년 시기를 7년 풍년의 때로 본다면 노년 시기는 7년 흉년의 때라고 할 수 있을 것이다. 청년과 장년의 때에 풍년이 들었다고 해서 흉년의 때를 대비하지 않고 흥청망청 돈을 다 써버리면 어떻게 될까? 노년의 때에는 다른 사람에게 짐이 되고 폐가 되는 삶을 살게 된다. 하나님은 우리가 그런 삶을 사는 것을 원치 않으신다.

또한 성경은 잠언 6장에서 개미의 경우를 예로 들며, 여름에 겨울을 예비하는 개미에게 지혜를 배우라고 말씀한다.

게으른 자여 개미에게 가서 그가 하는 것을 보고 지혜를 얻으라 개미는 두령도 없고 감독자도 없고 통치자도 없으되 먹을 것을 여름 동안에 예비하며 추수 때에 양식을 모으느니라 잠 6:6-8

여기서 '예비한다'와 '모은다'는 말은 '저축한다'는 말이다. 그러므로 저축하는 것을 두고 무조건 땅에 보물을 쌓는 믿음 없는 행위라고 하는 것은 극단주의적 신앙이며 땅에 보물을 쌓고 사는 것 못지않게 우리에게 해를 주는 생각이다.

무통장 무소유

많은 사람들이 무소유를 굉장히 훌륭한 것으로 본다. 물론 물질에 대한 욕심 없이 깨끗하게 사는 것은 참 훌륭한 일이다. 그러나 물질에 대한 욕심 없이 깨끗하게 사는 것을 무조건 무통장 무소유에서 찾는 것은 옳지 않다. 그렇다면 자기 통장과 소유가 있는 사람은 모두 욕심 많고 더러운 삶을 사는 사람으로 매도당하기 때문이다.

물론 자기 통장과 소유가 있는 사람들 중에 그런 사람이 없는 것은 아니다. 그렇지만 통장과 소유가 있다고 해서 무조건 그를 욕심 많고 깨끗하지 못한 사람이라고 매도하는 것은 매우 위험한 생각이다. 물질과 상관없이 깨끗하게 살려면 무통장 무소유여야 한다는 것은 전혀 기독교적인 발상이 아니다. 위험한 극단주의적인 생각이다.

나는 오히려 무소유를 무책임한 것으로 본다. 무소유하면 안 된다. 성경은 우리에게 무소유를 가르치지 않는다. 오히려 7년 풍년의 때에 7년 흉년의 때를 대비하라는, 저축의 지혜를 가르쳐주고 있지 않은가? 무소유를 하게 되면 가장 문제가 되는 것이, 남에게 폐를 끼쳐야 한다는 것이다. 목회자에게 소유가 없으면 은퇴를 할 수 없다. 또 은퇴해서도 교회에 의존할 수밖에 없고, 자식에게 의존할 수밖에 없다.

물론 노력했는데 안 되는 경우도 있다. 무소유를 추구해서 그런 게 아니라 하나님이 물질을 안 주셔서 가난한 경우도 있다. 그러나 할 수 있는데도 불구하고 일방적으로 저축과 돈을 무가치하게 생각해서 준비하지 않는 것은 건강한 생각이 아니다.

개인적으로 나는 원로목사 제도를 반대한다. 목사가 은퇴하면 그 후에는 시무하던 교회로부터 완전히 독립된 삶을 살아야 한다고 생각한다. 마치 모세가 가나안에 들어가지 아니하고 느보산에서 죽은 것처럼 말이다. 조금 냉정한 것 같아도, 나는 이 일이 하나님의 사람으로서 교회를 위해 해야 할 근사한 일이라고 생각했다.

나는 은퇴 후 교회로부터 경제적으로나 다른 모든 면에서 독립하여 살고 싶었다. 그러려면 할 수 있는 대로 저축을 해야 한다고 생각했다. 할 수만 있다면 목회자가 시무하는 동안 교회가 충분한 대우를 하여 은퇴 후 경제적으로 독립할 수 있도록 도와주어야 한다고 생각한다.

실제로 높은뜻교회 정관에는 '원로목사법'이 없다. 은퇴하면 끝이다. 그래서 나는 미리 연금도 들고 저축도 열심히 하면서 은퇴를 준비했다. 저축의 목적은 축재(蓄財)가 아니다. 남에게 폐 끼치지 않기 위함이었다. 그 '남' 중에는 교회도 있었다. 은퇴 후에 시무했던 교회와 교인들에게 폐 끼치지 않고 살 수 있기를 소망하며 살았다. 열심히 준비하면서, 열심히 기도하면서. 감사하게도 하나님께서 그렇게 살 수 있도록 해주셨다.

가난해야만 깨끗하다?

돈에 대한 바른 생각을 갖기 위해 우리가 한번은 깊이 있게 다루어야 할 주제가 바로 청빈(淸貧)이다. 청빈이란 비록 가난하더라도 깨끗하게 사는 것을 의미하는 말이다. 청빈은 기독교에서도 귀한 덕으로 여겨지고 있다.

적은 소득이 공의를 겸하면 많은 소득이 불의를 겸한 것보다 나으니라

잠 16:8

그러나 이를 잘못 생각하여 가난한 것은 무조건 깨끗한 것이며 반대로 부한 것은 그렇지 못하다고 생각하는 것은 엄청난 논리의 비약이며 매우 위험한 생각이다. 게을러서 혹은 실수해서 가난해질 수도 있지 않은가. 하지만 안타깝게도 대부분 청빈을 그렇게 왜곡되게 이해하고 있다. 그렇다면 깨끗한 삶을 살려면 무조건 가난해야 한다는 결론이 나오는데, 그것은 아주 잘못된 생각이다.

내가 '깨끗한 부자'를 이야기하니 출판사에서 '청부'(淸富)라는 이름을 붙여주었다. 나는 동의가 되었다. 청빈이 있으면 청부도 있어야 한다. 물론 부자가 되려는 사람 중에 세상과 짝하고 죄짓고 탁하여 부자가 되는 경우가 많다. 사실 청부보다는 탁부가 많을 수 있다. 그러나 청부 자체를 부정하면 안 된다. 청부의 길을 열어놓고 자꾸 그 길에 도전을 해야지, 부자면 무조건 다 악하고 가난한 것이 깨끗하다고 생각하는 논리적인 함정에 빠지면 안 된다.

깨끗함은 깨끗함 자체에 있지 가난함에 있는 것이 아니다. 깨끗하게 살기 위하여 가난해지는 것을 두려워하지 않는 것은 훌륭한 일이나 가난해야만 깨끗하게 사는 것이라고 생각하여

무조건 가난을 찬양하거나 강조하는 것은 옳지 않다. 그것은 절대로 기독교의 바른 사상이 아니다. 우리에게는 가난을 훌륭한 것으로 추앙하며 가난한 자의 편에 서는 것을 정의로 아는 편견이 있다. 그러나 하나님은 우리가 그와 같은 편견에 사로잡히는 것을 염려하신다.

내가 종종 "가난한 사람과 부자가 서로 다툴 때 하나님은 과연 누구 편을 드시겠는가?"라는 질문을 할 때가 있다. 그럴 때 대부분의 사람은 '가난한 사람'이라고 대답한다. 그러나 그것은 틀린 답이다. 정답은 둘 중 '옳은 사람'이다.

하나님은 가난한 사람의 편을 들지 않으시고 옳은 사람의 편을 들어주신다. 하나님은 가난한 사람을 불쌍히 여기시는 하나님이시지만 가난한 사람이라고 해서 무조건 편들어주시는 하나님은 아니시다. 가난한 사람이 불쌍한 것은 사실이지만, 그렇다고 가난한 사람이 항상 옳은 것은 아니다. 그러므로 가난한 사람이라고 해서 무조건 그들을 편들어준다면 그것은 옳지 않다.

너희는 재판할 때에 불의를 행하지 말며 가난한 자의 편을 들지 말며 세력 있는 자라고 두둔하지 말고 공의로 사람을 재판할지며 너는 네 백성 중에 돌아다니며 사람을 비방하지 말며 네 이웃의 피를 흘려 이익을 도모하지 말라 나는 여호와이니라 레 19:15,16

"나는 가난이 싫어"

내가 자란 모교회(母敎會)의 목사님은 경제적으로 어려운 삶을 사셨다. 그때는 우리 교회 목사님뿐만 아니라 대부분의 목사님들이 경제적인 여유가 없는 빠듯한 삶을 살았다. 목사님 가정이 경제적으로 어려우면 가장 고생하는 분은 목사님이 아니라 사모님이다. 어려운 형편으로 늘 고생하시던 사모님이 어느 날 지나가는 말로 나에게 하신 말씀을 잊을 수가 없다.

"나는 가난이 싫어."

그 말씀을 들을 때 나는 뼈가 아팠다. 얼마나 힘들게 사셨으면 저런 말씀을 하실까 생각하니 정말 뼈가 아파왔다. 그러나 그 다음 말씀을 듣고 나는 감탄했다.

"하지만 무섭진 않아. 또다시 가난하게 살아야 한다면 그렇게 살지, 뭐."

"가난이 무섭지 않다!", 얼마나 근사한 말씀인가? 나는 가난이 무섭지 않다는 말이 참 좋았다. 나도 그렇게 말하며 살 수 있는 사람이 되었으면 좋겠다고 생각했다. 가난이 무섭지 않다는 말과 함께 가난이 싫다는 말씀도 좋았다. "가난이 무섭지 않다"는 말이 용감한 말씀이라면, "가난이 싫다"는 말은 정직한 말씀이다. 그래서 가난이 싫다는 말씀이 좋았다. 그것이 옳은 생각이고 건강한 생각이기 때문이다. 가난을 두려워하지 않는 것은 옳은 일이나 그것이 지나쳐서 가난을 미화하는 것은 옳지 않다.

가난은 좋아할 만한 것이 아니다. 가난은 싫어할 만한 것이다. 가난이 싫다고 하는 것이 건강하고 정직한 반응이다. 우리가 힘써야 할 것은 가난을 무서워하지 않는 것이지 가난을 좋아하는 것이 아니라는 점을 분명히 알아야 한다. 그런데 뜻밖에도 많은 사람들이 이것을 잘 구별하지 못하는 것 같아 너무나 안타깝다.

많은 사람들이 지도자들에게 가난함을 요구하고 있다. 특히 목회자들에게 가난함을 요구하고 있다. 그들은 가난한 것이 깨끗하고 바르게 사는 목회자, 훌륭한 목회자로 사는 길이라고 확신한다.

목회자가 돈에 대한 욕심을 갖고 사는 것은 옳지 않다. 그러나 목회자는 무조건 가난해야 하고 그래야 거룩하다는 생각은 전혀 기독교적인 생각이 아니다. 형편에 따라서는 얼마든지 가난하게 살 수 있다. 물론 목회자가 부유하게 살 욕심에 양심을 버리고 살아서는 안 된다. 또 부유하게 사는 것을 목회와 삶의 목적으로 삼아서도 안 된다. 그러나 목회자는 예외 없이 가난하게 살아야 한다는 것과 그것이 훌륭하게 사는 것이라는 데는 동의할 수 없다.

비천에 처할 줄도, 풍부에 처할 줄도 아는 믿음

사도 바울이 이런 말을 했다.

> 나는 비천에 처할 줄도 알고 풍부에 처할 줄도 알아 모든 일 곧 배부름과
> 배고픔과 풍부와 궁핍에도 처할 줄 아는 일체의 비결을 배웠노라 **빌 4:12**

나는 이 말씀이 정말 좋다. 이것은 기독교적으로 매우 중요한 가치관이다.

"풍부에 처할 줄도 안다"는 것이 무슨 의미일까?

'나도 풍족한 것 좋아. 나도 부자 되는 것 좋아.'

이런 뜻 아닐까? 다만, 보다 나은 가치, 즉 "내 주 그리스도 예수를 아는 지식이 가장 고상하기 때문"에 다른 모든 것을 배설물로 여겨서 부(富)를 복으로 여기지 않는 것이다.

살다가 우리도 부해질 수 있다. 그러면 이것은 복이 아니니까 내다 버려야 하는가? 부자 되면 큰일 나는가? 아니다. 부자가 될 수도 있고 안 될 수도 있는데, 성경은 부자가 되었을 때도 믿음으로 잘 살 것을 가르친다. 부자인데 잘 사는 사람, 그가 바로 청부다.

반대로 가난한데도 당당한 사람, 가난한데도 웃음이 끊이지 않는 사람, 가난해도 행복한 사람, 그 이유가 하나님을 믿

는 믿음 때문이라면 그는 비천에 처할 줄 아는 사람이다.

비천한 데도 처할 줄 알고 부한 데도 처할 줄 알게 되는 것, 그것이 믿음이다. 그러면 부하면 부한 대로 좋고, 가난해도 상관없다. 그것이 내 삶에 아무런 영향을 주지 않는다. 하박국 선지자의 고백처럼 무화과나무가 무성하지 않아도, 포도나무에 열매가 없어도, 우리에 양이 없고, 외양간에 소가 없어도 기뻐할 수 있는 것이다. 어떻게 기뻐할 수 있는가?

> 주 여호와는 나의 힘이시라 나의 발을 사슴과 같게 하사 나를 나의 높은 곳으로 다니게 하시리로다 **합 3:19**

하나님이 높은 곳으로 다니게 하시기 때문이다. 차원이 다르다는 것이다. 부자냐 가난하냐만 보는 차원이 아니라 이 땅의 물질과 비교할 수 없는 구원을 받았기에 기뻐할 수 있는 것이다. 돈이 있으면 좋고, 없어도 구원을 받았으니 상관없는 것, 이것이 믿음이다.

우리가 자주 부르는 찬송 중에 "높은 산이 거친 들이 초막이나 궁궐이나"라는 가사가 있다. 어떤 사람은 궁궐에 살아야 잘 사는 것이라고 생각한다. 예수 잘 믿으면 궁궐에서 살 수 있다고 하는 것은 왜곡된 생각이다. 또 어떤 사람은 초막에 사는 것을 훌륭한 것으로 여긴다. 세례 요한이 광야에서 메

뚜기 먹고, 석청 먹은 것을 훌륭하게 여긴다. 그러나 초막에서 살아야만 훌륭한 것도 아니다.

초막에서 살 수도 있고, 궁궐에서 살 수도 있는데, 그것 때문에 행복한 것이 아니라 '내 주 예수님을 모셨기 때문에 그 어디나 하늘나라'라는 것이다. 이것이 신앙이고, 기독교다.

가난에 처할 줄 아는 법

"나는 가난이 싫어"라고 당당하게 밝힐 수 있었던 사모님이 가난에 처할 줄 알았던 훌륭한 분이었다고 생각한다. 가난에 처할 줄 안다는 게 뭘까? 몇 가지를 생각해볼 수 있다.

첫째, 가난하다고 기죽지 않는다.

가난하면 기가 죽는다. 그런데 기가 죽는 것은 가난한 데 처할 줄 몰라서 나오는 현상이다. 가난한데도 기 안 죽는 사람이 있다. "나는 가난이 싫어"라고 하면서도 "하지만 무섭지 않아"라고 하셨던 사모님은 이 점에서 근사하셨다. 사모님은 가난은 싫어하셨지만, 가난 앞에서 기 안 죽고 당당하셨다.

살다 보면 가난할 수 있다. 그런데도 기 안 죽는 것, 이것이 가난에 처할 줄 아는 능력이라고 생각했다.

이 당당함은 영적인 배부름이 있을 때 가능하다. 의에 주리고 목마른 자는 배부를 것이라고 하셨는데, 그 배부름이 있으면 가난이 두렵지 않다. '내가 받은 은혜가 얼만데, 돈이 없대도 살면 살지. 밥 세 끼 못 먹으면 두 끼만 먹지' 하는 근사함이 생긴다. 이것은 믿음 때문에 생기는 담대함이다.

빈티지 옷 장사를 하는 막내에게 옷 입는 법을 배웠다. 옷을 입는 데 가장 중요한 것은 자신감이다. 우리는 옷에 기가 죽을 때가 많다. '내가 이걸 어떻게 입지?' 그러면 벌써 안 어울린다. 하지만 디자인이 과감하고 색깔이 화려해도 주눅 들지 않으면 그게 폼나는 것이다. 그것이 코디의 기본이다.

가난과 부함도 그렇게 코디할 수 있지 않을까? 가난하지만 당당하고 근사하게, 부요하지만 거들먹거리지 않고 겸손하게. 이것도 근사한 코디라는 생각이 들었다.

둘째, 시기하지 않는다.

"이웃이 밭을 사면 배가 아프다"라는 말이 있다. 비천에 처할 줄 모르면 남 잘되는 것을 못 본다. 내가 못 먹었다고 다른 사람이 먹는 포도는 신포도라고 매도한다. 내 시기심 때문에 멀쩡한 단포도가 신포도가 되어버린다. 참 초라한 모습이다.

나도 이웃이 밭을 사면 배가 아팠다. 그러다 나 스스로 '참

못났다' 싶었다. 그래서 "하나님, 이웃이 밭을 사도 배 안 아
프게 해주세요. 제가 많이 창피합니다"라고 기도했던 적이 있
다. 그렇게 기도하다가 한 단계 더 나아가 "이웃이 밭을 사면
기뻐할 수 있게 해주세요. 진심으로 즐거워하고 칭찬할 수 있
게 해주세요"라고 기도했다.

비천에 처할 줄 아는 능력이 있을 때 시기하지 않고 이웃의
기쁨에 함께 기뻐할 수 있다.

셋째, 비굴해지지 않는다.

가난할 때는 비굴해지기 쉽다. 뒤에서는 욕하고 앞에서는
굽신굽신하며 있는 사람에게 잘 보이기 위해 애를 쓴다. 나는
차라리 두 끼만 먹고 살지언정 비굴해지지 않는 것이 비천에
처할 줄 아는 능력이라고 생각한다.

넷째, 정직하게 행한다.

가난할 때는 정직하기 어렵다. 너무 급하니까 수단 방법 가
리지 않고 편법을 행해서라도 돈을 벌려는 본능이 강하다. 이
런 본능을 누르고 가난할지라도 정직할 수 있는 것이 비천에
처할 줄 아는 능력이다.

부한 데 처할 줄 아는 법

부한 데 처할 줄 안다는 것은 뭘까?

첫째, 돈의 한계를 아는 것이다. 그리고 돈의 위험성을 아는 것이다.

나도 본능적으로 돈을 좋아하기 때문에 만약 이 사실을 깨닫지 못하고 욕심을 부렸으면 지금보다 최소한 두 배나 세 배 정도는 더 부자로 살지 않았을까 싶다. 하지만 그랬다면 지금처럼 균형 있는 삶을 살아갈 수는 없었을 것이다. 이것을 깨달을 수 있었기에 돈에 대한 욕심을 제어할 수 있었다.

둘째, 부의 적절한 수위 조절을 할 줄 알아야 한다.

지나친 결핍도 문제지만, 지나친 풍부가 가져오는 폐해도 심각하다. 그래서 부의 수위 조절이 필요하다.

부의 수위를 조절하기 위해서는 성경의 기준을 잘 따르면 좋다. 그 첫째가 십일조다. 하나님께 정직한 십일조를 드리는 것으로 돈에 대한 수위 조절이 가능해진다.

때로는 십일조만으로 안 될 때가 있다. 그럴 때는 조금씩 더 해야 한다. 가난한 자들을 위한 몫을 떼고 희년의 정신을 기억하여 사회에 환원하는 방법을 생각해보는 것도 좋다.

셋째, 돈 있다고 과시하지 않는 것, 자랑하지 않는 것, 사람 무시하지 않는 것이다.

돈 좀 있다고 거들먹거리는 것이 제일 못난 짓 아닌가. 명품은 비싸다. 사실, 상식선을 훌쩍 뛰어넘을 만큼 비싸다. 그런데 그렇게 터무니없이 비싸지 않으면 명품의 가치가 없다. 명품의 가치는 기본적으로 '차별'에 있기 때문이다. '난 너와 달라. 나는 이렇게 비싼 것을 가질 수 었어'라는 것이 세속적으로는 사람에게 큰 행복감을 준다. 그래서 많은 사람이 자랑하고 과시하려고 부자가 되려는 것 아닌가.

돈 있다고 자랑하지 않고 과시하지 않고 가난한 사람 깔보지 않는 것은 생각처럼 쉽지 않다. 그러나 바로 이것이 부한데 처할 줄 아는 사람이라고 생각한다.

넷째, 돈에 지배당하지 않고 돈을 지배할 줄 아는 것이다.

돈을 지배하고 산다는 것은 참 어렵다. 돈에 위력이 있기 때문에 대개는 돈에 지배를 당한다. 그러나 부한 데 처할 줄 안다는 것은 돈에 지배당하지 않고 돈을 지배할 줄 안다는 것이다. 이 연습을 하기 위해 나는 12년 간 금전출납부를 쓰며 훈련하고 연습을 했다. 훈련이 필요하다. 처음에는 십일조부터 시작하는 것이다. 그렇게 조금씩 조금씩 연습하다 보면, 돈을 통제할 수 있게 된다.

가난한 자와 부한 자가 함께하는 법

우리 집은 무척 가난했는데, 외갓집은 큰 부자였다. 우리는 쌀 한 가마 반으로 한 달을 살았는데, 외삼촌은 강남에 빌딩이 세 채였다. 우리 어머니는 가난에 처할 줄 아는 분이셨고, 외삼촌은 부한 데 처할 줄 아는 분이셨다.

외삼촌은 어머니가 가난하다고 깔보지 않고 어떻게 해서든 도와주려고 애써주셨다. 그런데 우리 어머니는 어떡하든 혼자 살려고, 독립하려고 애를 쓰셨다. 오빠가 큰 부자였는데, 조금만 도움을 받으면 금세 살림을 일으킬 수 있었는데도 도움 청하며 다니지 않았다.

내가 중학교 3학년 때 한 달에 쌀 한 가마 반 받으시던 아버지의 월급을 모아 집을 샀다. 방이 일곱 칸이나 되는 큰 집이었다. 하숙집을 하시려고 방이 많은 집을 사셨다. 그때 집이 50만 원이었는데, 어머니가 모은 돈이 30만 원이었다. 30만 원도 큰 돈이었지만, 20만 원이 모자랐다.

어머니는 큰외삼촌과 막내외삼촌에게 10만 원씩 빌리셨다. 하숙을 해서 얼마간 돈을 모으면 그 돈을 갚을 수 있겠다는 계산이 서신 것이다. 그리고 계획하셨던 대로 돈을 모아 외삼촌들에게 갚으셨는데, 외삼촌들이 받지 않으셨다. 결과적으로는 외삼촌의 도움을 받았지만 어머니는 기대지 않으셨다.

그래서 경제적인 차이가 있었는데도 우리 집과 외갓집은 무척 사이가 좋았다. 부함에 처할 줄 아는 외삼촌과 가난에 처할 줄 아셨던 어머니 덕분이었다. 그리고 그 뿌리는 믿음에서 온 것이었다.

야고보서 1장 9,10절에 "낮은 형제는 자기의 높음을 자랑하고 부한 자는 자기의 낮아짐을 자랑할지니"라고 했다. 이 말씀처럼 가난한 자는 자기의 높아짐을 자랑함으로 기 안 죽고 당당할 수 있고, 부한 자는 자기의 낮아짐을 자랑함으로 거들먹거리지 않고 겸손할 수 있다. 그럴 때 가난한 데도 처할 줄 알고 부한 데도 처할 줄 아는 근사한 삶을 살아갈 수 있다.

좌로나 우로나 치우치지 말라

많은 사람들이 돈에 대해 좌로나 우로 치우친 생각을 갖고 살아간다. 사람들은 돈을 축복으로 생각하여 땅에 보물 쌓는 것을 생(生)의 목적으로 삼고 살아간다. 이를 위해 수단과 방법을 가리지 않는다. 무조건 부자가 되면 성공한 것이고 하나님의 복을 받은 것이고 잘 살게 된 것이라고 생각하며 살아가고 있다.

예수를 믿는 사람들 중에도 그런 사람들이 많다. 예수 믿는 목적을 돈을 버는 데 두고 살아가는 사람들이 얼마나 많은지 모른다. 그래서인지 예수를 믿으면 물질의 복을 받게 된다고 가르치는 교회에는 지금도 사람들이 구름처럼 몰려들고 있다. 그러나 그것은 잘못된 가르침이다. 그것은 물질에 대하여 우(右)로 치우친 생각이다. 그런 사람들을 향해 예수님은 이같이 말씀하신다.

"너희를 위하여 보물을 땅에 쌓아두지 말아라."

"물질은 복이 아니다."

"땅에 보물을 쌓아두는 일은 너희를 위하는 일이 아니다."

"사람의 생명이 그 소유의 넉넉한 데 있지 아니하니라."

그러나 반대로 돈에 대해 극단적이고 병적인 생각을 갖고 있는 사람들도 많다. 돈을 무조건 죄악시하여 저축을 하며 규모 있게 살아가는 것을 믿음이 없는 불신앙이라고 매도하는 사람들이 바로 그런 사람들이다. 이것은 돈에 대하여 좌(左)로 치우친 생각이다. 뜻밖에 이 세상에는 돈과 물질에 대해 좌로 치우친 생각을 갖고 살아가는 사람들도 매우 많다. 특별히 신앙이 순수하고 열정적이라는 사람들 중에 이와 같은 생각을 가진 이들이 많다. 그러나 이것은 건강한 기독교적 물질관이 아니다.

나는 은퇴 전까지 저축을 열심히 했다. 또 내가 아는 목회자들에게 할 수 있는 대로 열심히 저축을 하라고 권면하곤 했다. 처음에는 목사가 저축한다는 것을 이상하게 생각하던 목회자들 중에 내 말을 옳게 듣고 저축을 시작한 사람도 여럿 있다. 저축을 할 수 없는 형편이면 할 수 없지만 할 수 있으면 저축을 해야 한다는 것이 내 생각이다. 저축이 없으면 말년에 남에게 폐를 끼칠 수밖에 없다. 내가 나름대로 저축을 열심히 했던 목적도 재산을 모으느라 그런 것이 아니다. 남에게, 특히 교회와 교인들에게 폐를 끼치지 않기 위해서였다.

돈에 대한 이중 잣대

나는 목회할 당시 소득이 꽤 많은 목사였다. 교회에서 주는 생활비 외에도 그에 못지않은 강사비와 인세 수입이 있었다. 나는 수입의 절반을 하나님을 위하는 일에 쓰려고 노력했다. 언젠가 아내가 뽑아본 자료에 보니 내 수입의 절반 정도가 헌금과 선교 그리고 구제를 위해 쓰여진 것으로 나타났다. 나는 내 수입이 다른 목회자들에 비해 많다고 생각했기 때문에 그 균형을 헌금과 선교, 구제를 통해 맞추려고 노력했다. 또 이렇게 쓰고 남은 수입의 절반 정도로 생활하고 저축을 했다.

그러나 사실 그 절반도 보통 목회자들의 생활비보다 많아서 생활에 어려움 없이 저축도 적잖이 했다. 하지만 나는 내 또래의 직장인들이 내 나이에 가질 수 있는 재산 이상을 소유하지 않으려고 나름대로 노력했다. 조금만 방심하면 그 이상을 저축하게 되기에 신경을 곤두세워가며 선교비와 구제비를 조절했다. 생활은 초라하지 않게 그러나 언제나 절제하며 살려고 애썼다. 넉넉지 못한 집에서 자란 아내와 나에게 절제는 그다지 어렵지 않았다. 우리 가정이 저축을 많이 할 수 있었던 것은 수입이 많기도 했지만 그만큼 아내가 절약하여 생활했기 때문이다.

어쨌든 나는 목회하면서 보통 목회자들이 쉽게 갖지 못할 정도의 돈을 저축했다. 나는 이 일을 부끄럽게 생각하지 않는다. 하지만 저축이 너무 지나쳐 목회자로서 부끄러운 정도가 되지 않기 위해 나름대로 늘 긴장하며 살았다.

그러나 세상은 여전히 그것이 부끄러운 것이라고 손가락질한다. 하지만 나는 그것에 동의할 수 없다. 그들이 손가락질하는 이유는 돈과 물질에 대해 좌로 치우친 생각을 하고 있기 때문이다.

돈에 대해 좌로나 우로 치우친 생각보다 더 건강하지 못한 생각이 있다. 그것은 돈에 대한 이중 잣대를 가지고 살아가는 것이다. 자기가 돈을 벌어 넉넉하게 사는 것은 좋은 일이자 하나님의 은혜와 축복이라고 생각하면서, 목회자가 그렇게 사는 것은 옳지 않으며 지도자는 무조건 가난해야만 한다고 생각하는 사람들이 많다. 부함을 미화하는 것도 문제지만 가난을 미화하는 것도 문제이다.

사도 바울은 비천에 처할 줄도 알고 풍부에 처할 줄도 안다(빌 4:12)고 고백했다. 바울은 깨끗하고 의로운 가난을 부끄러워하지 않았지만 깨끗하고 의로운 부함 역시 부정하지 않았다. 나는 우리 기독교인들이 바울과 같은 생각을 품고 살았으면 좋겠다.

하늘에 보물 쌓는 부자가 되는 법 3

1 정직하게 벌어 하나님 뜻대로 써라.
  돈은 선(善)도 아니고 악(惡)도 아니다. 정직하게 벌어 하나님 뜻대로 쓰면 돈이 선이 되고 복(福)이 되지만 정직하게 벌지 않고 하나님 뜻대로 쓰지 못하면 악이 되고 화(禍)가 된다.

2 청빈(淸貧)은 무조건 가난해야 한다는 말이 아니다.
  청빈은 가난하지만 깨끗하게 사는 것을 의미한다. 깨끗하게 살기 위해 가난해지는 것은 훌륭하다. 그러나 가난해야만 깨끗하다는 것은 잘못된 생각이다.

3 돈에 대해 이중 잣대를 갖지 말라.
  돈에 대해 좌로나 우로 치우치면 위험하다. 그러나 더 위험한 것은 나는 부해야 하지만 다른 사람, 특히 목회자나 지도자는 가난하게 살아야 한다고 생각하는 돈에 대한 이중 잣대이다.

清富

PART **2**

돈에 대한
성경적 자세

chapter 4

소유가치와 존재가치를
균형 있게 대하라

운동화를 자랑하랴?

1992년으로 기억한다. 우리 큰아이가 열다섯 살, 둘째 아이가 열세 살, 막내 아이가 열한 살이었을 때 미국에서 목회하는 선배 목사님 한 분이 한국을 방문하여 함께 식사하게 되었다. 그 목사님은 한국 아이들이 10만 원 넘는 고가의 운동화를 신고 다녀서 사회적으로 문제가 되고 있다는 내용의 방송을 보셨다며 내게도 "김 목사! 정말 한국의 아이들이 그렇게 비싼 운동화들을 신고 다니나?"라고 물으셨다. 지금도 10만 원짜리 운동화는 만만치 않은데, 92년도에 10만 원짜리 운동화는 정말 고가의 운동화였다.

나는 그때 그렇게 비싼 운동화가 있는 줄도 모르고 있었다. 집에 돌아와 아이들에게 그런 운동화가 있는지 물어보자 아이들은 어떤 메이커의 운동화가 10만 원이 넘는지 가르쳐주었다. 그 말을 듣고 "너희 학교에도 그런 운동화를 신고 다니는 아이들이 있니?" 하고 물어보았다. 그랬더니 "아빠, 우리만 빼고 다 신어요"라고 말해 웃고 말았다. 나는 아이들에게 비싼 운동화를 사달라고 조르지 않아서 고맙다는 내용의 편지를 썼다. 그리고 아이들에게 왜 그런 운동화를 신어서는 안 되는지 설명해주었다. 답은 이렇다. 그들에게는 그런 신발이 쓸데없기 때문이다.

황영조 선수가 한창 유명했을 때, 그 선수가 우승할 때 신은 신발은 그의 소속사에서 무려 1억 원을 들여 특수 제작한 운동화였다. 이때 사람들은 그의 신발을 두고 이런저런 말들이 많았다. 나는 아이들에게 그 이야기를 들려주면서 황영조 선수가 1억 원짜리 운동화를 신은 것은 지나친 일이 아니라고 이야기해주었다. 왜냐하면 그것은 쓸데없는 일이 아니었기 때문이다. 1억 원이 들더라도 그 덕에 기록을 조금이나마 단축하고 그래서 은메달을 금메달로 바꿀 수 있었다면 그것은 절대로 지나친 것이 아니다. 그러므로 무조건 10만 원짜리 운동화를 신으면 안 된다고 하는 것은 옳지 않다. 필요하면 10만 원 아니라 1억 원짜리 운동화도 신을 수 있기 때문이다.

나는 아이들에게 "너희들이 10만 원짜리 운동화를 신으려고 하는 이유는 뭐냐?"라고 질문했다. "기록을 단축하기 위함이냐, 아니면 국위를 선양하기 위함이냐? 기껏해야 '나는 10만 원짜리 운동화 신는다'는 것을 자랑하기 위함이 아니냐?"라고 했다. 자랑하기 위해 그러는 거라면 그건 부끄러운 일이라고 일러주었다.

10만 원짜리 운동화를 자랑하는 것은 자기 존재가 10만 원도 안 된다는 것을 의미하기 때문이다. 나는 아이들에게 너희들은 신발을 자랑하는 사람이 되지 말고 너희 자신을 자랑할 수 있는 사람이 되라고 일러주었다. 그날의 교육은 참으로 효과적이었다. 그 후로 아이들은 신발이나 옷 때문에 유난스럽게 구는 일이 없었다.

소유가치냐? 존재가치냐?

사람의 행복과 성공은 가치 있는 것을 소유함으로 얻어지는 것이 아니라 자신의 존재가 가치 있는 존재가 될 때 얻어진다. 즉, 사람의 행복은 소유가치에 있는 것이 아니라 존재가치에 있다는 말이다.

미신적인 신앙의 목표는 소유가치를 높이는 데 있다. 그러나 기독교 신앙의 목표는 소유가치를 높이는 데 있지 않고 존재가치를 높이는 데 있다. 예수를 믿는다고 해서 소유가치가 높은 부자가 되는 것은 아니다. 예수를 믿어도 부자가 되지 않는 경우는 허다하다. 그러나 예수를 믿으면 존재가치가 높아진다. 하지만 예수를 믿으면서도 막연히 미신적인 복에 욕심을 낸다든지 그것을 위해 기도하는 사람이 얼마나 많은가. 그것은 옳은 일이 아니다.

세상의 많은 사람들이 소유가치를 위해 존재가치를 팔며 살아간다. 존재가치를 팔아서 소유가치를 높이려고 애쓴다. 참으로 어리석은 일이 아닐 수 없다. 세상에 그렇게 바보 같은 일은 없다.

예수님은 마태복음 19장 16절 이하에서 "어떻게 해야 영생을 얻을 수 있습니까?"라고 묻는 부자 청년에게 "재산을 팔아 가난한 자에게 나누어주고 너는 나를 따르라"라고 말씀하셨다. 우리는 이 말씀을 소유가치를 팔아 존재가치를 높이라는 말씀으로 해석할 수 있다.

기독교 신앙의 관심은 소유가 아니라 존재이다. 세상에는 소유가치는 높으나 존재가치는 낮은 사람들이 있다. 반대로 소유가치는 낮으나 존재가치는 높은 사람들도 있다. 만약 "누가 정말 잘 사는 사람이냐?"라고 묻는다면 의심할 여지 없이 소유가치는 낮으나 존재가치는 높은 사람이 잘 사는 사람이라고 말할 것이다.

또 둘 중 하나를 선택하라면 소유가치가 낮아 조금은 가난하게, 세상에서 불편하게 살더라도 존재가치가 높은 삶을 선택해야 할 것이다.

함정을 조심하라

여기서 한 번 더 생각하고 넘어가야 할 매우 중요한 문제가 있다. 그것은 이런 생각을 하는 사람들이 쉽게 빠지는 함정에 대한 것이다. 그들은 소유가치가 높은 사람을 무조건 존재가치가 낮은 사람이라고 생각해서 존재가치가 높은 사람이 되려면 소유가치가 낮은 사람이 되어야 한다는 편견에 사로잡히기 쉽다.

그러나 사실은 그렇지 않다. 소유가치는 높은데 존재가치가 낮은 것이 문제이지, 무조건 소유가치가 높은 것이 문제되는 것은 아니다. 소유가치도 높고 존재가치도 높다면 그 사람의 부(富)에 대해 부정적인 생각을 가질 이유가 없다. 또한 얼마든지 소유가치도 높고 존재가치도 높을 수 있다는 점을 인정해야만 한다. 소유가치가 높으면 무조건 존재가치가 낮아진다는 생각은 매우 위험하다. 소유가치는 존재가치와 비교할 때 그 가치가 낮은 것이지 소유가치 자체가 무가치하고 악한 것은 아니다. 그러므로 소유가치를 무조건 선으로 보는 것도 어리석지만 무조건 악으로 보는 것도 그에 못지않게 어리석은 생각이라는 것을 알아야 한다.

존재가치보다 소유가치를 중히 여기는 어리석음 때문에 세상이 악해지고 혼란스러워졌다면, 그에 못지않게 무조건 소유가치를 악한 것으로 보는 편견 때문에 혼란스러워진 점도 인정해야 한다. 우리는 균형 있는 자세를 가져야 한다.

하나님께서 우리에게 말씀하시는 것은 돈을 사랑하지 말라는 것이지 돈을 무조건 악한 것으로 보고 멀리하라는 것이 아니다. 기독교는 부자가 되는 것을 신앙의 목표로 삼지 않지만 그렇다고 해서 가난한 사람이 되는 것을 신앙의 목표로 삼지도 않는다는 것을 알아야 한다.

부자가 되는 것을 신앙과 인생의 목표로 삼지 않는 한, 우리에게 다른 특별한 이유가 없는 한 하나님은 우리가 가난한 사람으로 살기보다 부자로 넉넉하게 살기 원하신다고 생각한다. 모든 사람이 하나님의 말씀대로 순종하여 산다면 세상은 절대로 가난한 세상이 되지 않는다고 생각한다. 사실 세상의 빈곤은 사람들이 하나님의 말씀대로 살지 않고 자기 욕심을 따라 잘못 살아서 나타난 현상이다. 그러므로 무조건 부를 천하고 악한 것으로 보는 것은 잘못이다.

돈에 대한 평가

어찌 보면 부(富)는 동서양을 막론하고 이제껏 사회적으로 정당한 평가를 받지 못했는지도 모른다. 우리나라만 해도 '사농공상'(士農工商)이라고 하여 돈을 버는 상인을 가장 천하게 취급했다. 플라톤과 아리스토텔레스도 무역업자를 경멸했다. 일본에서도 한때 돈을 버는 사람은 접촉이 금지된 천민계급이었다.

부에 대한 정죄는 마르크스주의에서 극에 달했다. 모든 사회악의 원천이 사유재산이며, 사유재산이 사라진 공산주의 사회에서만이 인간다운 삶을 누릴 수 있다는 구호가 사람들을 혁명의 도가니로 몰아넣었다.

그러나 공산주의 체제 아래서 사람들이 누릴 수 있었던 것은 가난과 빈곤뿐이었다. 부함이 인간을 인간답게 하지 못할 뿐더러 잘못된 부가 인간을 파괴한다는 것은 사실이다. 그러나 우리가 문제 삼아야 할 것은 잘못된 부이지 부 그 자체가 아니라는 사실을 분명히 해야 한다. 공산주의는 잘못된 부와 부 그 자체를 혼돈하여 부 자체를 부정한 셈이 되었지만, 부 자체를 부정하여 얻은 가난이 인간을 더 인간답게 만든 것도 아니었다.

자본주의의 문제가 돈에 대한 극단적인 긍정이라고 한다면 공산주의의 문제는 돈에 대한 극단적인 부정이라고 할 수 있다. 그러나 돈에 대한 극단적인 긍정과 부정은 모두 다 문제가 된다. 돈은 그냥 돈이다. 우리는 우리 자신이 소유형의 인간이 되지 않도록 최선을 다해야 하나 소유 그 자체를 부정해서도 안 된다.

많은 사람들이 부자는 무조건 소유형의 인간이고 가난한 사람은 존재형의 인간이라고 쉽게 단정하는데 사실은 그렇지 않다. 사실 소유형의 인간과 소유는 직접적인 관계가 없다. 많은 것을 소유한 부자 가운데도 얼마든지 존재형의 인간이 있을 수 있다. 성경에 나타나는 많은 하나님의 사람들 중에서도 그런 존재형의 부자들을 찾아볼 수 있다. 아브라함이나 욥 그리고 다윗, 예수님을 자기 무덤에 모신 아리마대 부자 요셉 등이 그들이다. 이들은 다 의로운 부자들이었다.

물론 많은 것을 소유하지 못한 가난한 이들 중에도 얼마든지 존재형의 인간이 있다. 그런 사람들 역시 성경에서 발견된다. 예수님의 제자 대부분이 가난한 사람들이었으며 예수님 자신이 가난한 분이었음을 우리는 잘 알아야 한다. 그러나 예수님이 가난한 분이셨고 예수님의 제자들이 대부분 가난한 사람들이었다는 것이 곧 예수를 믿는 사람들은 모두 가난한 사람이 되어야 한다는 것을 의미하지는 않는다.

자랑스런 가난, 자랑스런 부함

예수님은 산상보훈에서 "가난한 자는 복이 있나니"라고 말씀하셨다. 또 "부자가 하나님의 나라에 들어가는 것이 낙타가 바늘구멍으로 들어가는 것보다 어렵다"라고도 말씀하셨다. 그렇다면 예수님은 무조건 가난한 자를 사랑하시고 부자를 싫어하신 것일까? 기독교에서 부함은 무조건 악한 것이고 가난함은 무조건 선한 것인가? 하나님나라에 들어가기 위해서는 우리 모두 부함을 부인하고 가난한 사람이 되어야만 하는 것인가?

나는 예수님이 말씀하신 가난과 부함이란 그렇게 단순한 의미의 가난과 부함이 아니라고 생각한다. 가난에는 크게 두 종류의 가난이 있을 수 있다. 그것은 자랑스러운 가난과 부끄러운 가난이다. 나는 가난 자체가 무조건 부끄러운 것이라고 생각하지 않는다. 그러나 반대로 가난 자체가 무조건 자랑스러운 것이라고도 생각하지 않는다.

그것은 부함도 마찬가지이다. 부함에도 크게 두 종류의 부함이 있다. 그것은 부끄러운 부함과 자랑스러운 부함이다. 나는 부함 그 자체가 무조건 자랑스럽다고는 생각하지 않는다. 그러나 그렇다고 무조건 부함이 부끄러운 것이라고도 생각하지 않는다.

그렇다면 과연 예수님이 말씀하신 가난과 부함의 진정한 의미는 무엇일까? 예수님이 말씀하신 가난과 부함을 이해하기 위해 우리는 에리히 프롬의 《소유냐 존재냐?》(To Have or to Be?)라는 책에 주목할 필요가 있다.

프롬은 그의 책 《소유냐 존재냐?》에서 인간을 크게 두 종류로 구분하고 있다. 바로 '소유형의 인간'(Having mode)과 '존재형의 인간'(Being mode)이다. 소유형의 인간은 삶의 의미와 목적을 소유(to have)하는 데 두고 사는 사람이고, 존재형의 인간은 삶의 의미와 목적을 인간답게 존재(to be)하는 데 두고 사는 사람을 의미한다.

여기서 우리가 유의해야 할 것이 하나 있다. 그것은 단지 많은 것을 소유하고 있는 사람이라고 해서 그가 소유형의 인간은 아니라는 것이다. 그럴 수도 있고 그렇지 않을 수도 있다. 반대로 단지 많은 것을 소유하고 있지 않다고 해서 그가 무조건 존재형의 인간이 되는 것도 아니다. 얼마든지 그럴 수도 있고 그렇지 않을 수도 있다.

부자지만 존재형의 인간

부자 중에 소유형의 인간이 많은 것은 사실이다. 그러나 모두가 다 그런 것은 아니다. 많은 것을 소유한 부자 중에도 삶의 의미와 목적을 존재에 두고 사는 사람을 얼마든지 찾을 수 있다. 대표적인 예로 들 수 있는 사람이 욥이다. 욥은 소유가 많은 부자였으나 삶의 의미와 목적을 단지 소유에만 두고 사는 소유형의 인간은 아니었다.

사탄이 하나님 앞에 나왔을 때 하나님은 사탄 앞에서 욥을 자랑하셨다. 세상에 그렇게 순전하고 의로운 사람이 없다고 하셨다. 그러자 사탄은 하나님의 칭찬에 이의를 제기한다. 욥이 그렇게 보이는 것은 그가 순전하고 의로운 사람이기 때문이 아니라 하나님께서 그 모든 소유물을 울타리로 둘러주다시피 하셨기 때문이라는 것이다. 다시 말해서 하나님을 위하느라 그러는 것이 아니라 소유 때문에 그런다는 것이다. 사탄은 욥을 전형적인 소유형의 인간으로 매도하였다.

그러나 하나님은 욥이 그런 사람이 아니라고 변호하셨다. 그가 많은 것을 소유한 부자임에 틀림없지만 그 때문에 선한 척, 의로운 척하는 사람이 아니라 본래 하나님을 사랑하고 의지하는 사람이기 때문에 그런다는 것이다. 다시 말해 하나님은 욥을 존재형의 인간이라고 말씀하신다.

사탄은 욥을 소유형의 인간이라고 하였고 하나님은 욥을 존재형의 인간이라고 하셨다. 그것을 놓고 하나님과 사탄 사이에 논쟁이 벌어졌다. 결국 욥이 어떤 사람인지 입증할 필요가 생겼고, 그것을 입증하기 위해 자연스럽게 시험이 주어졌다. 그가 과연 사탄이 이야기하는 소유형의 인간인지, 아니면 하나님이 말씀하시는 존재형의 인간인지는 그가 가진 소유를 없애보면 알 수 있는 일이었다.

결국 욥에게 시험이 닥쳐왔다. 엄청난 소유를 가졌던 욥이 하루아침에 알거지가 되고 말았다. 그는 세상적으로 대단한 사람(somebody)에서 하루아침에 아무것도 아닌 사람(nobody)으로 전락하고 말았다. 많은 것을 소유했던 사람에서 아무것도 없는 사람이 되고 말았다.

욥이 만일 사탄의 주장처럼 삶의 의미와 목적을 소유에만 두고 산 사람이라면, 그는 자기 아내의 말대로 하나님을 욕하고 죽었을 것이다. 자신의 소유와 함께 무너지고 말았을 것이다. 그러나 욥은 그렇지 않았다. 욥은 하나님의 생각과 같이 존재형의 인간이기 때문이다. 그는 "주신 이도 여호와시요 거두신 이도 여호와시오니 여호와의 이름이 찬송을 받으실지니이다"(욥 1:21)라고 고백함으로써 하나님께 영광을 돌렸다.

그야말로 인간이 하나님께 돌릴 수 있는 최고의 영광을 하나님께 돌린 것이다. 욥은 세상이 무너질 때 세상과 함께 무너지지 않았다. 삶의 의미와 목적을 세상에 두지 않았기 때문이다. 그는 세상과 소유를 의지하고 사는 사람이 아니었다. 그는 우리 존재의 근원이 되시는 하나님을 의지하고 사는 사람이었다. 바로 존재형의 인간이었다.

하나님은 욥이 시험에 승리한 이후 갑절의 소유로 축복해주셨다. 하나님은 승리한 욥을 가난한 사람으로 놔두지 않으셨다. 끝까지 욥이 가난한 사람으로 인생을 마쳤다고 해도 크게 문제될 것은 없었다. 그러나 하나님은 욥을 그렇게 두지 않으시고 갑절로 부요케 해주셨다. 우리는 이 대목에 주의해볼 필요가 있다. 하나님께서 무조건 부자를 정죄하지도 않으셨고 부함에 대해 부정적이지도 않으셨다는 사실을 다시 한번 주목하라.

소유형의 인간과 존재형의 인간

부자라고 다 소유형의 인간은 아니다. 반대로 가난한 사람이라고 다 존재형의 인간도 아니다. 나는 가난한 사람들 대부분은 소유에 대한 욕심이 없어서가 아니라 소유에 대한 능력이 없어서 가난해진 사람들이라고 생각한다.

저들 대부분이 '나는 언제쯤 저 부자들처럼 살 수 있을까?'만 생각하면서 산다. 부자들을 비난하고 부함에 대하여 언제나 부정적이고 비판적이지만 그 내면은 부함에 대한 갈망으로 가득 차 있다. 정말 그런 사람들이 아주 많다. 그런 사람은 아무리 가난해도 절대로 존재형의 인간이 아니다. 그는 많은 것을 소유하지 못한 가난한 사람이자 동시에 삶의 의미와 목적을 소유에 두고 사는 소유형의 인간일 뿐이다.

나는 예수님이 말씀하신 가난과 부함의 의미를 단순히 가난함과 부함에서 찾을 것이 아니라 에리히 프롬이 말한 소유형의 인간과 존재형의 인간에서 찾는 것이 더 옳다고 생각한다. 예수님이 말씀하신 '복 있는 가난한 사람'(가난한 자는 복이 있나니)이란, 단순히 가난한 사람을 의미하는 것이 아니라 삶의 의미와 목적을 소유에 두지 않고 사는 사람, 세상과 소유에 대해 욕심이 없는 사람, 즉 존재형의 인간을 의미한다고 생각한다. 마찬가지로 예수님이 말씀하신 '복 없는 부한 사람'도 무조건 돈이 많은 부자가 아니라 삶의 의미와 목적을 하나님께 두지 않은 사람, 세상과 소유에 두고 사는 소유형의 인간이라고 생각한다.

그렇게 생각하고 해석하면 예수님의 말씀이 정확히 이해된다. 삶의 의미와 목적을 세상과 소유에 두고 사는 사람은 낙타가 바늘구멍으로 들어가는 것이 불가능한 것처럼 천국에 들어가는 것이 불가능할 것이다. 반대로 삶의 의미와 목적을 소유에 두지 않고 하나님 안에서 인간답게 존재하는 데에 두고 사는 사람은 구원을 얻게 될 것이다. 죽어서만 천국에 들어가는 것이 아니라 이 땅에서도 천국의 삶을 살게 될 것이다.

극단적인 편견

예수 믿는 사람들 중에도 가난과 부에 대해 심한 편견을 가지고 있는 사람들이 의외로 많다. 그것이 어떤 가난인지 깊이 생각해보지 않고 무조건 가난을 칭찬하고 긍정적으로 본다거나 그것이 어떤 부함인지 깊이 살펴보지 않고 무조건 부함을 부정적으로 보아 정죄하려 드는 것은 매우 위험한 일이다. 우리는 그런 편견에서 벗어나야 한다. 삶의 의미와 목적을 소유와 부함에 두지 않고 사는 것이 중요하다. 무조건 돈이 없어 가난한 사람이 되었다고 복 있는 사람이 되는 것은 아니다.

우리는 가난한 사람 편을 들어주는 것이 정의라는 잘못된 오해를 하고 있다. 가난한 사람을 도와주는 것은 옳고 좋은 일이다. 그러나 무조건 가난한 자 편을 들어주는 것은 옳은 일도 아니고 좋은 일도 아니다.

우리는 무조건 부자 편을 들어도 안 되고 무조건 가난한 사람 편을 들어서도 안 된다. 똑같은 이치로 가난과 부함에 대해 무조건적인 편견을 갖지 않도록 조심해야 한다. 사도 바울이 비천에 처할 줄도 알고 풍부에 처할 줄도 안다(빌 4:12)고 한 고백을 상기해보라.

조금 다른 이야기이지만, 대형교회가 사회적인 문제로 대두되자 작은 교회에 대한 이상론이 대두되었다. 나는 대형교회가 무조건 좋은 교회라고 생각하지 않는다. 그러나 무조건 작은 교회가 아름다운 교회라고도 생각하지 않는다.

나는 '작은 교회가 아름답다'거나 '작은 교회가 더 교회답다'라는 말에 동의하지 않는다. 그것은 매우 위험한 생각이기 때문이다. 교회를 교회답게 하는 것은 복음과 바른 신앙고백이지 교회의 사이즈가 아니다. 복음과 바른 신앙고백에는 능력이 있다. 그 복음과 신앙고백이 있으면 작은 교회도 얼마든지 능력 있고 아름다운 교회가 될 수 있다. 그 복음과 바른 신앙고백이 있다면 대형교회도 얼마든지 아름답고 능력 있는 교회가 될 수 있다고 믿는다.

복음과 신앙고백이 있어도 작은 교회이기 때문에 무조건 교회 구실을 못한다고 생각하거나 반대로 대형교회이기 때문에 무조건 교회답지 못한 교회가 된다고 생각하는 것은 참으로 미숙하고 옳지 않은 생각이다.

바울이 복음으로 말미암아 비천에 처할 줄도 알고 풍부에 처할 줄도 알게 되었다고 고백한 원리가 교회의 사이즈에도 적용되어야 하리라. 작으면 작은 대로, 크면 큰 대로 그것과 상관없이 교회는 복음 때문에 건강하고 아름다운 교회가 되어야 하며 또 그렇게 될 수 있다.

내가 제일 꺼리고 조심하는 것이 편견이다. 나는 지역에 대한 편견을 가지고 사람을 대하거나 말하는 사람을 제일 싫어

한다. 그것은 참으로 어리석은 일이다. 어리석은 정도가 아니라 악한 일이다. 교회와 세상을 망치는 참으로 악한 생각이다. 세상은 온통 편견으로 가득 차 있다. 이 지방 사람에 대한 편견과 저 지방 사람에 대한 편견, 가난한 사람에 대한 편견과 부자에 대한 편견, 작은 교회에 대한 편견과 큰 교회에 대한 편견 등 이런 성숙하지 못한 생각들 때문에 세상이 얼마나 어지럽고 혼란스러운지 이루 말로 다할 수 없다. 모쪼록 이런 여러 편견에서 모두 벗어날 수 있기 바란다.

청부(淸富) 되는 길

돈을 숭배하지 말며 돈이 우리를 행복하게 해주리라는 어리석은 생각을 벗어버리기 바란다. 10만 원짜리 운동화나 자랑하며 사는 유치한 삶에서 해방될 수 있기 바란다. 참행복은 소유가치에 있는 것이 아니라 존재가치에 있음을 명심하라.

소유가치를 팔아 존재가치를 높이는 사람이 되라. 소유가치를 높이기 위해 존재가치를 버리는 일을 하지 말라. 우리가 가장 범하기 쉬운 오류가 바로 그것이다. 소유가치에 대한 욕심으로 아무렇게나 돈을 벌어 가치 없고 부끄러운 존재가 되는 경우가 얼마나 많은지 돌아보라.

돈보다 자기 자신에 대한 욕심을 가지고 예수 믿는 사람들이 되기 바란다. 그리하여 자녀에게 돈을 유산으로 물려주기보다 자신의 신앙과 삶을 유산으로 물려줄 수 있는 당당한 사람들이 되기 바란다. 그러려면 힘들어도 옳지 않은 돈이나 내 몫이 아닌 돈에 대해 욕심을 버려야 한다.

그렇지만 무조건 돈을 악한 것으로 보거나 부를 부끄러운 것으로 생각하는 편견에 사로잡혀서도 안 된다. 하나님의 뜻과 말씀대로 살면 사람들은 누구나 궁극적으로 부유한 삶을 살 수 있다고 믿는다. 하나님이 은혜와 상급으로 주시는 부가 있다. 그 부는 부끄러운 부가 아니다. 더러운 부가 아니다. 깨끗한 부이다. 그것을 청부(淸富)라고 부를 수 있다.

돈과 세상에 대해 바르고 반듯한 신앙과 사상, 자세를 가지고 살아가는 것이 무엇보다 중요하다. 돈이 무조건 복인 줄 알고 기독교 신앙까지 기복적으로 변질시켜가며 사는 것도 문제지만, 돈을 무조건 죄악시하여 천하고 부끄럽게 여기는 것도 큰 문제라는 것을 명심하여 돈에 대한 바른 생각과 자세를 가지고 살아가는 사람이 되기 바란다.

하늘에 보물 쌓는 부자가 되는 법 4

1 세상에는 소유형 인간과 존재형 인간이 있다.
  소유형 인간은 삶의 의미와 목적을 더 많은 것을 소유(to have)하
  는 데 두지만 존재형 인간은 삶의 의미와 목적을 인간답게 존재(to
  be)하는 데 둔다.

2 많은 것을 소유한 존재형 인간도 있다.
  아브라함과 욥, 다윗, 아리마대 요셉은 부자였지만 하나님의 뜻에
  따라 산 존재형 인간이었다. 그러므로 부자라고 해서 반드시 소
  유형 인간인 것은 아니다.

3 깨끗한 부자가 되라.
  하나님의 뜻과 말씀대로 살면 누구나 부유한 삶을 살 수 있다. 이
  렇게 얻은 부는 부끄럽고 더러운 부가 아닌 '깨끗한 부'(淸富)이다.
  깨끗한 부자가 되겠다고 결심하라.

chapter 5

물질적 안정과
부함에 대하여 자유하라

목사가 저축한다!

'신앙과 돈'이라는 주제로 기독교적인 물질관을 살펴보면서 첫 번째로 생각해 본 것이 "돈은 복이 아니다"라는 점이다. 넓은 의미에서 물질을 복이라고 할 수 있을지 모르겠으나 궁극적으로 물질은 우리에게 복이 될 수 없다. 왜냐하면 하나님께서 우리를 사랑하셔서 우리를 천하보다 크고 귀하게 창조하셨기 때문에 세상에 있는 돈으로는 우리의 마음과 삶을 채울 수 없기 때문이다.

　그러므로 돈을 복인 줄 알고 돈만 위해 살아가는 것은 지혜롭지 못한 일이다. 이것은 사탄에게 속는 일이다. 돈 때문에 욕심 부리고 그 욕심 때문에 죄를 짓는 일은 우리가 저지르는 가장 보편적인 어리석음 중에 하나이다.

"돈은 복이 아니다"라는 주제에 이어 "돈은 악한 것도 아니다"라는 주제로도 살펴보았다. 여기서 나는 돈과 물질을 무조건 축복으로 생각하여 설교하는 기복적인 물질관도 문제지만 돈을 무조건 우습거나 하찮은 것으로 여기고, 한 걸음 더 나아가 더럽고 추하고 악한 것으로 여기는 것도 기독교적인 바른 생각이 아니라고 하였다.

그러면서 청빈에 대해 언급했다. '청빈'(淸貧)은 훌륭한 덕목이나 반드시 가난해야만 깨끗하다는 뜻은 아니며 무통장 무소유는 훌륭한 일이지만 꼭 그것만이 훌륭한 점은 아니라는 것도 강조했다. 그 다음 땅에 보물을 쌓아두지 말라는 말씀은 무조건 저축을 해서는 안 된다는 말씀이 아니라고 하였다.

나는 목사이지만 나름대로 열심히 저축했다고 밝혔다. 과거 이런 내용으로 교인들에게 설교했을 때 담임목사인 내가 저축한다는 이야기를 했던 그 주 내내 교회 인터넷 게시판에서는 아주 뜨거운 논쟁이 벌어졌다. 나름대로 깨끗하고 반듯하게 사는 줄 알았던 김동호 목사가 저축을 한다는 것이 교인들에게는 사뭇 충격이었던 모양이다.

나는 게시판에 올라온 글들을 읽으면서 사람들이 돈에 대해 아주 피상적인 생각을 갖고 있다고 생각했다. 돈에 대해 많이 치우쳐 있다고 생각했다. 글을 올린 분들 가운데는 돈이 무조건 복인 줄 알고 미신적인 신앙 수준으로 예수를 믿는 사람이 있는가 하면, 돈에 대한 부정적인 생각으로 저축에 대해 죄의식을 느끼거나 떳떳지 못하게 여기는 사람들도 뜻밖으로 많았다. 나는 돈을 무조건 축복이라고 믿으면서 돈에 인생을 걸고 사는 사람도 문제지만 돈에 대해 지나친 부담감을 가져서 부정적인 생각을 갖고 사는 사람도 문제라고 생각한다.

어떻게 얼마나 써야 하나?

교회 게시판에 올라온 글들을 읽으면서 성경에서 하나님은 뭐라고 말씀하시는지 생각해보았다. 성경적인 기준 없이 무조건 사람을 판단하고 정죄하는 것은 옳지 않다고 생각했기 때문이다.

'도대체 하나님과 어려운 이웃을 위해서는 얼마만큼 써야 하고 나 자신을 위해서는 얼마만큼 써야 하는가? 나를 위해 과연 어느 정도의 돈을 쓸 수 있고 또 어느 정도까지 저축할 수 있는가?'

성경에는 그 나름대로 분명한 기준과 원칙이 있었다. 그러나 그것은 이미 우리가 다 알고 있는 것이어서 새롭지도 어렵지도 않았다. 하나님께서 돈에 대해 집중적으로 말씀하시는 것은 헌금과 구제 부분이다. 성경은 하나님께 헌금하는 것과 가난한 이웃을 구제하는 일을 매우 중요하게 다루고 있었다.

나는 성경을 읽으면서 하나님께서는 헌금과 구제를 '최대'(maximum)한 요구하는 것이 아니고 '최소'(minimum) 한도로 요구하신다는 것을 알게 되었다. 헌금에 대한 하나님의 최소 기준은 열의 하나, 곧 십일조였다. 그리고 어려운 이웃을 위한 하나님의 최소 기준은 삼십분의 일이었다. 그에 대한 내용이 신명기 14장에 나오는데 그것은 '제2의 십일조'이다.

> 매 삼 년 끝에 그 해 소산의 십분의 일을 다 내어 네 성읍에 저축하여 너희 중에 분깃이나 기업이 없는 레위인과 네 성중에 거류하는 객과 및 고아와 과부들이 와서 먹고 배부르게 하라 그리하면 네 하나님 여호와께서 네 손으로 하는 범사에 네게 복을 주시리라 **신 14:28,29**

하나님은 이스라엘 백성에게 삼 년마다 십일조를 내고 남은 것의 십분의 일을 또 떼어 가난하고 어려운 이웃들을 구제하라고 가르쳐주셨다. 사람들은 그것을 제2의 십일조라고 불렀다.

하나님은 부자 청년에게 "재산을 팔아 가난한 자에게 나누어주고 너는 나를 따르라"라는 말씀을 하셨지만 그것은 아주 특별한 경우이지, 모든 사람들에게 재산을 다 팔아 가난한 자에게 주라고 말씀하지는 않으셨다.

하나님이 구제에 대해 가장 정확하게 제시하신 기준은 바로 제2의 십일조다. 제2의 십일조는 삼 년에 한 번씩 하는 것이므로 일 년을 기준으로 계산하면 삼십분의 일조가 되고 이것을 매달 수입이 있는 사람의 경우로 환산해보면 한 달 수입 중 하루분에 해당한다. 그러므로 하나님께서 우리에게 가난한 자를 위해 요구하시는 구제의 기준은 한 달 수입의 하루 몫이 된다. 다시 말해 한 달에 하루는 가난한 자를 위해 살아야 한다는 것이 하나님의 말씀이다.

성경에 따르면 하나님께 수입의 십분의 일을 헌금하고 가난한 이웃을 위해 한 달에 하루 몫을 구제하고 살면 나머지 수입에 대해서는 자유로울 수 있었다. 물론 수입을 악하고 바르지 못한 일에 쓰는 것은 옳지 못하다. 하나님께서는 그 밖에 자신과 가족을 위해 쓰는 데는 어떠한 정죄와 비판도 하신 일이 없다. 즉, 십일조 헌금과 한 달 하루분의 구제는 의무적으로 해야 하지만 나머지 돈에 대해서는 자유로이 판단하여 사용할 수 있었다. 사람들은 자유롭게 쓸 수 있는 돈으로 땅을 살 수도 있고 저축을 할 수도 있었다. 그 일에 대해 하나님께서 옳지 않다고 말씀하신 것은 그 어디에서도 찾아볼 수 없다.

그러므로 하나님의 뜻에 어긋나지 않게 돈을 벌어 하나님께 정직한 십일조를 드리고 최소한 한 달 수입의 하루 몫을 가난한 자를 위해 쓰는 사람이라면 그가 얼마만큼의 재산을 갖고 있든 원칙적으로 비난받아서는 안 된다고 생각한다. 나는 십일조 생활과 함께 삼십분의 일조 이상을 구제에 쓰려고 노력한다. 그래서 내가 드리는 십일조 헌금과 구제는 그 기준을 제법 상회하고 있다.

희년의 법

돈과 물질에 대해 하나님이 정하신 또 하나의 중요한 법이 있다. 그것은 우리가 잘 아는 희년의 법이다. 우리가 아는 바와 같이 희년은 50년마다 돌아왔다. 희년이 되면 모든 땅은 원주인에게로 돌아갔고 종들은 자유인이 되었다. 희년과 희년 사이에는 어느 정도 빈부 차이가 있었다. 어떤 사람은 자기의 땅을 팔기도 하고 어떤 사람은 다른 사람의 땅을 사서 재산을 늘리기도 하였다. 그러나 50년 희년이 되면 사람들은 그것을 다시 원주인에게 돌려주었다.

희년은 재산과 자유를 잃었던 사람들에게 다시금 기회가 주어지는 해이다. 이것은 생각하면 생각할수록 기막힌 제도이다. 이 제도를 통해 사람은 누구나 다시 기회를 얻을 수 있었다. 누구나 다시 원점에서 삶을 시작할 수 있었다. 희년은 모든 사람에게 희망이었다. 아무리 실수를 해도 가난은 대물림

되지 않았다. 아무리 삶이 힘들고 어렵더라도 그들은 절망하지 않았다. 희년까지만 참고 기다리면 다시 새로운 기회가 주어지기 때문이었다.

물질에 대해 반듯한 사람이 되기 위해서는 이 희년의 법과 정신도 지킬 수 있어야 한다고 생각한다. 물론 지금은 세상이 너무나 복잡하게 얽혀 있어서 구약의 희년을 선포하고 지키는 일이 불가능하다. 그러나 조금 달리 생각해보면 지금도 얼마든지 그 정신을 지켜 살 수 있다는 것을 발견한다.

희년의 정신을 지켜 사는 방법 가운데 하나로 '유산 안 남기기 운동'을 생각해볼 수 있다. 재산을 자녀에게 상속하지 않고 하나님께 바쳐 사회에 환원시킨다면 거시적으로 볼 때 그것은 희년을 선포하는 효과가 있을 것이다. 정직한 십일조를 드리고 어려운 이웃을 위해 구제에 힘쓰면서 돈을 잘 관리하며 살다가 마지막 날 하나님께 갈 때에 그것마저 하나님과 세상에 환원하고 떠난다면 그것이 바로 희년의 삶을 사는 것이리라 생각한다.

가난한 사람이 있는 한 무조건 자기의 모든 소유를 팔아 가난한 자들에게 주라거나 무통장 무소유로 살라고 한다면 그것은 해마다 희년을 지켜야 한다고 주장하는 것과 같다. 그러나 하나님은 희년을 50년에 한 번씩 지키게 하셨다. 여기서 우리는 매우 중요한 지혜와 교훈을 얻을 수 있다.

희년이 해마다 있으면 좋을 것 같지만 그렇지 않다. 하나님의 말씀과 같이 희년은 50년에 한 번씩 지키는 것이 좋다. 그것이 참으로 합리적이라고 생각한다. 해마다 희년을 지킨다면 누가 힘써 일하겠는가? 누가 열심히 공부하고 자기 삶을 발전시키기 위해 노력하겠는가?

희년을 50년마다 지킨다면 열심히 공부하고 노력할 만하다. 의미도 있고 가치도 있다. 그것으로 최소한 50년은 부요하고 풍족한 삶을 살 수 있기 때문이다. 그런 정신이 세상과 사회를 발전시킨다. 그런 의미에서 나는 50년에 한 번씩 희년을 선포하게 하신 것이 합당하다고 생각한다.

우리 주위에는 이미 유산 안 남기기 운동을 실천하는 분들이 있다. 그러나 나의 유산 안 남기기 운동은 방식이 조금 색다르다. 어떻게 보면 신식(新式)이라고 할 수도 있고 편법이라고 할 수도 있지만 그래도 나는 내 생각과 방법이 성경적이라고 생각했다.

김동호식 '유산 안 남기기 운동'

지금이야 아들들이 모두 결혼하여 일가를 이루었지만, 내가 한창 일할 때 우리 집에서 돈을 버는 사람은 나 한 사람뿐이었다. 목사인 내가 돈을 번다는 표현을 쓰니까 좀 이상하다고 느낄지 모른다. 그러나 나는 그것을 조금도 이상하게 생각하지 않는다.

우리 집에는 어머니와 아내, 아들 셋까지 여섯 식구가 있었다. 여섯 식구 모두 내가 벌어온 돈으로 생활했다. 그러나 나는 우리 식구들이 '내 돈'을 쓰는 것이라고 생각지 않았다. 내가 월급으로 받은 돈이라고 해서 그것이 다 내 돈이 되는 것은 아니기 때문이다. 그것은 내 돈이 아니라 엄밀히 말해서 '우리 돈'이다. 내가 월급으로 받아온 돈이라고 해서 그것을 우리 돈이 아닌 내 돈이라고 생각하고 주장한다면 그는 엄밀히 말해서 가족이 아니다. 누가 돈을 벌었든 그 돈은 번 사람의 것이 아니라 가족 모두의 것, 즉 우리 돈이 되는 것이다.

내가 번 돈이지만 엄밀히 말해서 그 돈 가운데 육분의 일만 내 돈이다. 가족의 돈은 누가 벌었든 내 돈이 아니라 우리 돈이 되기 때문이다. 자기가 벌었다고 그것을 자기 돈으로 생각한다면 그 사람은 이미 가족이 아니다.

나는 내 아이들이 내 돈을 쓴다고 생각하지 않았다. 아이들은 내 돈을 쓰고 있는 것이 아니라 자기 몫의 우리 돈을 쓰는 것이다. 벌기는 내가 벌었지만 돈은 공동의 소유이기 때문이다. 나는 그것이 바로 자녀와 가족의 권세라고 생각한다.

두부 모 자르듯이 수입을 육 등분 하여 쓰기보다는 각자의 필요에 따라 쓰곤 했지만, 굳이 몫을 지어 말하라면 우리 가족의 돈과 재산에는 육분의 일씩 각각 그 몫이 있다. 처음에는 여섯으로 나누어 생각하다가 어느 날부터 나는 그 몫을 일곱으로 나누어 생각했다. 우리 아버지이신 하나님께도 당연히 식구의 몫이 있다고 생각했기 때문이다. 나는 내가 버는 돈 가운데 최소한 칠분의 일은 하나님의 몫이라고 생각했다. 그리고 그것을 지키려고 노력했다. 열심히 노력하여 그보다 훨씬 더 많은 몫을 하나님께 드리며 살 수 있었지만, 최소한 하나님의 몫이 그만큼은 되어야 한다는 기준을 늘 잊지 않았다.

나는 아이들에게도 칠분의 일만큼의 자기 몫을 주겠다고 작정했다. 나는 그것을 유산이라고 생각하지 않는다. 유산이란 내 것을 아이에게 주는 것이다. 그런데 아이에게 주는 칠분의 일의 몫이란 내 것이 아니기 때문이다. 아이의 것을 아이에게 주는 것이기 때문이다.

아이들에게 아이들의 몫을 나누어준 다음 나와 아내는 우리 몫을 갖고 살 것이다. 우리 몫의 재산과 연금으로 살다가 늙어 하나님 앞에 가게 될 때 우리가 우리 몫으로 갖고 있던 물질과 재산은 아이들에게 물려주지 않을 것이다. 그것이 얼마가 되었든 간에 하나님 앞에 드리고 가려고 한다. 그것이 바로 내가 생각하는 '유산 안 남기기 운동'이고, 나름대로 정리한 '희년의 정신'이다.

우리 아이들도 그런 정신으로 자기 자녀들의 몫을 나누어 주고 또 세상을 떠날 때 자신들의 몫을 하나님께 드리고 간다면 그것이 곧 '유산 안 남기기 운동'이 되리라고 생각한다.

부모님의 유산이 PPL 재단으로

우리 집 재산 중에 가장 큰 부분은 아버지로부터 상속받은 재산이었다. 그 집을 팔아 경기도 용인에 땅을 사두었는데, 그게 우리로서는 제법 큰 재산이 된 셈이다. 그런데 살다 보니 하나님이 또 우리에게 복을 주서서 부모님께 받은 그 재산 없이도 살 만큼 되었다. 학교 수위를 하시면서 하나밖에 없는 아들에게 가난을 상속하지 않기 위하여 정말 안 입고, 안 먹고 하시며 마련하신 재산이었다.

그 돈을 쓰고 싶지 않았다. 부모님을 기억하고 기념하여 뜻있게 쓰고 싶었다. 그래서 조심스럽게 아이들에게 의견을 물었다. 그 몫을 다 하나님께 드리면 어떻겠냐고. 그 재산 중 칠분의 일씩은 아이들의 몫이었기 때문이다. 감사하게도 아이들이 흔쾌히 동의해주었다. 둘째는 멀리 있어서 연락이 안 닿아 메일을 보냈다. 그랬더니 석 줄짜리 답이 왔다.

"좀 많다.

우리한테는.

그런데 아빠, 너무 좋다."

그래서 그 땅을 팔아 PPL(Peace & People Link)이라는 사회복지법인을 세워서 지금까지 잘 운영해오고 있다. 재산을 가지고 형제끼리 다투는 가정들이 간혹 있는데, 감사하게도 우리 가정은 이런 경험을 통해 돈에 대한 신앙훈련도 제법 하고 무엇보다 돈 가지고 형제간에 다투지 않을 수 있는 실력을 갖출 수 있게 된 것 같아 하나님께 얼마나 감사하는지 모른다.

누려도 좋다

나는 십일조와 하나님이 정하신 최소한의 구제를 지키며 살아왔고, 앞으로도 그렇게 살 것이다. 가능하면 그 이상의 헌금과 구제를 하며 살려고 노력해 왔다. 그렇게 물질에 대해 자유로운 삶을 살겠다는 것이 나의 희망이자 결심이었다.

가능한 한 더 많은 헌금과 더 많은 구제를 위해 노력하겠지만, 좋은 음식도 먹을 수 있으면 먹고 좋은 환경과 여건도 지나치지 않은 범위 안에서 누리고자 한다. 하나님께 감사하며 좋은 음식과 좋은 환경을 즐기는 여유를 일부러 마다하지 않는다. 그것을 부끄러워하지도 않는다. 좋은 음식을 탐하지 않지만 금욕주의자가 되어 평생 험한 음식만 먹으며 사는 것을 인생의 목표로 삼지도 않았다.

나는 늘 내 몫은 철저히 챙긴다. 내 몫은 이만큼, 하나님 몫은 이만큼, 가난한 자들의 몫은 이만큼. 그것을 연습하려고 12년을 금전출납부를 썼다. 정직한 십일조와 정직한 구제 이상을 드리며 살기 위해 훈련하고 연습했다. 그리고 꽤 많이 드리며 살아왔다. 그런데 참 신기한 것은 그렇게 많이 드리며 살아왔는데도 경제적으로 쪼들리지 않았다는 것이다. 마르지 않는 샘 같았다. '하나님이 채우시는구나' 경험했다.

막내가 빈티지 옷가게를 하는데, 가게를 열 때 아들에게 줄 돈이 없었다. 남들에겐 잘 줬는데 정작 아들에게 줄 것이 없었다. 유일하게 하나 해준 것이 집 담보로 대출을 얻게 도와준 것이었다. 난생 처음 장사를 해보는 것인데, 돈을 어찌 버나 싶어서 생활비를 도와주겠다고 했다. 그러자 아들이 "고맙습니다. 하지만 안 받을랍니다"라고 대답했다. 이유를 묻자 이렇게 대답했다.

"그러면 '일용할 양식을 주시옵고'라는 기도가 안 되잖아요."

나는 이 말이 참 자랑스럽다. 그리고 그 믿음 때문에 하나님이 복을 주셨다고 생각한다. 지금 5년째 하고 있는데, 가게를 열고 첫 달부터 흑자였다. 막내가 장사를 잘한다. 그렇다고 떼돈을 번 것은 아니나, 한 번도 적자를 본 적이 없다.

우리는 하나님의 청지기이다. 그렇기 때문에 십일조와 제2의 십일조를 드리고 난 나머지 돈도 하나님의 것이지 내 것이 아니다. 그러나 우리가 정말 온전한 십일조 생활을 하고 가난한 이들을 위하는 하나님의 명령에 순종하여 제2의 십일조를 드리며 산다면, 한 걸음 더 나아가 희년의 정신을 실천하며 살 수 있다면 물질적인 안정과 부함에 대해 자유를 누려도 좋다고 생각한다.

하늘에 보물 쌓는 부자 되는 법 5

1 주님은 헌금과 구제를 '최대'가 아닌 '최소'로 요구하신다.
  헌금의 최소 기준은 열의 하나 곧 '십일조'이며, 구제의 최소 기준은
  삼십분의 일 곧 '제2의 십일조'이다. '제2의 십일조'는 한 달 수입 가
  운데 하루분에 해당한다.

2 희년 정신을 계승하라.
  희년이 되면 모든 땅은 원주인에게 돌아갔고 종은 자유인이 되었
  다. 이스라엘 백성에게 가난이 대물림되지 않은 것은 희년제도가
  있었기 때문이다. 오늘날 희년 정신을 계승할 수 있는 일을 생각해
  보라.

3 말씀 안에서 경제적 안정과 부에 대해 자유하라.
  우리는 하나님의 청지기이다. 십일조를 드리고 난 나머지 돈도 하
  나님의 것이지 내 것이 아니다. 그러나 십일조와 제2의 십일조를
  온전히 드리고 희년 정신을 실천할 수 있다면 경제적 안정과 부에
  대해 자유로워도 좋다.

chapter 6

더해주시는 복을 사모하라

떡이 아니라 말씀으로

예수님은 마태복음 6장 31절에서 "무엇을 먹을까 무엇을 마실까 무엇을 입을까 하지 말라"라고 말씀하셨다. 그런 다음 이것은 이방인들이 구하는 것이지 하나님을 믿는 사람들이 할 일은 아니라고 말씀해주셨다. 여기에는 우리가 알아야 할 매우 중요한 사실이 담겨 있다. 예수님이 우리에게 무엇을 먹을까 무엇을 마실까 무엇을 입을까 염려하지 말라고 하셨지만 먹을 것과 입을 것을 무조건 부정하지는 않으셨다는 사실이다.

우리는 무엇을 먹을까 마실까 입을까 염려하지 말라는 예수님의 말씀을 단순하게 생각하여 예수님이 무엇을 먹을까 마실까 입을까 염려하며 사는 것을 완전히 부정하신다고 생각하기 쉽다. 그러나 그렇지 않다. 예수님의 부정은 먹을 것과 입을 것을 염려하는 것에 대한 전체 부정이 아니라 부분 부정 또는 조건 부정이다.

예수님은 "너희는 먼저 그의 나라와 그의 의를 구하라 그리하면 이 모든 것을 너희에게 더하시리라"(마 6:33)라고 말씀하셨다. 여기서 '이 모든 것'은 먹을 것과 마실 것과 입을 것을 의미한다. 이를 통해 우리는 예수님이 먹을 것과 마실 것과 입을 것의 문제를 우습게 여기거나 부정적으로 생각하고 계시지 않다는 사실을 발견할 수 있다.

예수님은 하나님의 나라와 의는 생각지도 않고 밤낮 무엇을 먹을까 마실까 입을까만 염려하며 살아서는 안 된다는 것과 하나님의 나라와 의를 생각할지라도 그보다 먼저 먹을 것과 마실 것과 입을 것부터 염려하며 살아서는 안 된다는 것을 말씀하고 계신 것이다.

그것은 예수님이 돌로 떡을 만들어 먹으라는 사탄에게 "사람이 떡으로만 살 것이 아니요 하나님의 입으로부터 나오는 모든 말씀으로 살 것이라"(마 4:4)라고 말씀하신 것과도 같다. 예수님은 이 말씀에서 떡을 부정적으로 표현하셨는데, 이 때 떡에 대한 예수님의 부정 역시 전체 부정이 아니라 부분 부정이었다.

전체 부정과 부분 부정은 엄청난 차이가 있다. 예를 들어 떡에 대한 전체 부정은 떡 자체를 부정적으로 생각하는 것이다. 그러나 부분 부정은 떡 자체를 부정하는 것이 아니라 떡에 대한 잘못된 조건을 부정하는 것이다. 다시 말해서 하나님의 말씀과 뜻에 우선하고 반하면서까지 떡을 생각하는 것을 부정하는 것이다. 여기서 또 한 가지 알 수 있는 중요한 사실이 있다. 그것은 떡에 대한 부분 부정은 곧 떡에 대한 긍정을 나타낸다는 점이다.

예수님이 말씀하시는 먹을 것과 마실 것 그리고 입을 것에 대한 말씀도 먹을 것과 마실 것, 입을 것에 대한 전체 부정이 아니라 부분 부정이다. 이것을 구별하여 생각하는 일은 매우 중요하다. 예수님은 우리가 무엇을 먹을까 무엇을 마실까 무엇을 입을까를 염려하며 사는 것 전체와 자체를 부정하신 것이 아니기 때문이다.

예수님은 다만 그에 대한 잘못된 조건과 전제를 부정하신다. 잘못된 조건과 전제는 '하나님의 나라와 의는 생각하지 않고 밤낮 먹을 것과 마실 것, 입을 것만 생각하며 사는 것'과 '하나님의 나라와 의를 혹 생각할지라도 그것은 나중에 생각하고 먼저 무엇을 먹을까 무엇을 마실까 무엇을 입을까를 생각하는 것'이다.

그런데 우리는 이 말씀을 부분 부정으로 보지 않고 전체 부정으로 보는 우를 범하곤 한다. 그러나 이것은 옳지 않다. 이것은 매우 위험한 생각이다. 그렇게 되면 기독교의 탁월한 진리는 세상적인 진리 이상을 넘어서지 못하게 되고 만다.

진리가 밥 먹여준다

무엇을 먹을까 무엇을 마실까 무엇을 입을까 염려하지 말라는 것은 아무것이나 먹고 마시고 입고 살라는 말씀이 아니다. 아무것이나 먹고 아무것이나 마시고 아무것이나 입고 사는 것을 훌륭하다고 가르치는 말씀이 아니다.

하나님은 우리가 나물 캐 먹고 물 마시며 사는 것을 원치 않으신다. 불의를 행한 대가로 호의호식하는 삶을 당당히 부정하고 그럴 바에야 차라리 나물 먹고 물 마시며 살겠다는 자세는 귀하고 아름답다. 하지만 이런 전제 없이 무조건 나물 먹고 물만 마시며 사는 것 자체를 훌륭한 것으로 보는 것, 또 무조건 좋은 음식을 먹고 좋은 옷을 입고 좋은 집에서 사는 것을 부정적으로 보고 악하게 보는 것은 다분히 금욕주의적이다. 이와 같은 금욕주의는 바른 기독교 신앙의 모습이 아니다.

나는 나의 궁극적인 관심이 먹는 것과 입는 것이 아니라 '하나님의 나라와 의'이기를 원한다. 이렇게 사는 것이 쉽지 않지만 옳고 근사한 일이라는 것을 알고 있었다. 그래서 사람들이

"진리가 밥 먹여주냐?" 혹은 "모로 가도 서울만 가면 된다"라고 이야기할 때, "너는 밥만 먹으면 사냐?", "서울 못 가는 한이 있어도 똑바로 가라"고 흥분하며 도전했다. 그러나 나는 내 말이 결코 신앙적이지 않다는 것을 알게 되었다. 그 말은 근사하고 당당해 보였지만 신앙적이지 않았다. 오히려 불신앙적이었다.

'진리가 밥 먹여주냐?'는 말과 '너는 밥만 먹으면 사냐?'는 말에는 공통점이 있다. 전혀 다른 말 같지만 이 말에는 중요한 공통점이 있다. 그것은 "진리대로 살면 밥을 먹을 수 없다"는, 진리에 대한 패배주의적인 불신앙이다.

'모로 가도 서울만 가면 된다'는 말과 '서울 못 가는 한이 있어도 똑바로 가라'는 말 역시 다른 말처럼 보이지만 실은 같은 말이다. 전혀 달라 보이는 이 말에는 "똑바로 가면 서울을 갈 수 없다"는 패배주의적인 불신앙이 담겨 있다. 이것은 건강한 신앙이 아니다.

의와 진리를 위해 가난을 무릅써야 할 때가 없는 것은 아니다. 그러나 의와 진리를 따라 살면 반드시 세상에서 실패하고 가난해진다는 것은 건강한 생각이 아니다. 이렇게 의와 진리를 무력한 것으로 보는 것은 옳은 신앙인의 자세가 아니다. 내 표현에 의하면, 의와 진리를 무력한 것으로 보아 그 점을 논리적으로 합리화하느라 '밥'이나 '서울'을 부정적으로 표현하게 되었다는 말이다. 나는 나중에야 '진리가 밥 먹여준다'는 생각을 하게 되었다. '똑바로 가야 서울 갈 수 있다'는 생각을 하게 되었다.

진정으로 호의호식하려면

예수님이 이 말씀을 통해 우리에게 가르쳐주시는 것은 무엇인가? 하나님의 나라와 의를 먼저 구하고 살면 좋은 것을 먹고 좋은 것을 마시고 좋은 옷을 입는 생활도 할 수 있게 된다는 것이다. 한 걸음 더 나아가서 먼저 하나님의 나라와 의를 구하며 살아야 좋은 것을 먹고 마시고 입고 살 수 있다는 것이다. 우리가 흔히 비판하는 기복주의적 신앙과는 분명히 구별할 수 있어야 한다.

좋은 것을 먹고 마시고 입으며 사는 것을 복으로 생각해서는 안 되지만, 그렇다고 금욕주의자들처럼 그것을 구태여 부인하며 살 필요도 없다. 좋은 것을 먹고 마시고 입으려고 하는 것은 나쁜 것이 아니다. 잘못된 것이 아니다. 그것을 부정적으로 보면 안 된다. 예수님도 그것을 부정적으로 보지 않으셨다. 예수님의 말씀은 너희 소원대로 좋은 것을 먹고 마시고 입고 살려면 그 전에 먼저 하나님의 나라와 의를 구하며 살아야 된다는 것이다.

하나님은 우리가 초라하게 먹고 마시며 사는 것을 좋아하지 않으신다. 우리가 좋은 것을 먹고 마시고 입고 사는 것을 좋아하신다. 하나님은 불의한 세상에서 하나님의 뜻대로 살려다가 좋은 것을 먹지 못하고 마시지 못하고 입지 못하며 사는 것은 귀히 보시지만, 하나님을 사랑하고 하나님의 나라와 의를 먼저 구하는 사람이 끝까지 그렇게 사는 것은 기뻐하지 않으신다.

하나님은 하나님의 자녀 된 우리가 좋은 것을 먹고 좋은 것을 입고 살 수 있도록 하시려고 엿새 동안 힘써 천지만물을 창조하셨다. 공중을 나는 새를 먹이시고 들의 백합화를 입히시는 하나님이 우리를 좋은 것으로 입히시고 먹이시지 않겠냐는 것이 예수님의 말씀이다.

의인이 형통하는 세상

우리가 살고 있는 세상은 불의한 세상이다. 그렇기 때문에 의롭게 살고자 하면 부하기보다는 가난해질 수밖에 없다. 불의한 세상에서 바르게 살려다가 가난해진 사람은 복 있는 사람이다. 그러므로 예수 믿는 사람들은 무조건 좋은 것을 먹고 마시고 입으며 사는 부요함만 추구하며 살아서는 안 된다. 불의한 방법으로 부하게 되기보다는 차라리 의를 고집하다가 가난해지는 것을 선택하면서 살아야 한다. 이런 가난은 오히려 면류관이 될 것이다.

그러나 가난의 면류관을 우리 신앙의 궁극적 목표로 삼아서는 안 된다. 거기서 멈춰서는 안 된다. 하나님이 창조하고 섭리하는 세상은 의롭게 살면 가난해지는 세상이 아니다. 그것은 타락한 세상이다. 잘못된 세상이다. 하나님의 뜻이 왜곡된 세상이다.

왜곡된 세상에서 독야청청 혼자서만 깨끗하고 고고한 삶을 살려고 해서는 안 된다. 거기서 우리의 걸음을 멈춰서는 안 된다. 우리는 한 걸음 더 나아가야만 한다. 한 걸음 더 나아가서 세상을 바꾸어야 한다. 하나님의 뜻과 식이 통하는 세상으로 바꾸는 것이다. 하나님의 뜻과 식이 통하는 세상은 의로운 자가 가난해지는 세상이 아니다. 악한 자가 형통하고 부해지는 세상이 아니다. 하나님의 뜻과 식이 통하는 세상은 의인이 형통하고 악인이 망하는 세상이다.

우리는 적극적으로 그런 세상을 만들기 위해 노력해야만 한다. 패배주의적인 생각에 빠져 가난하게 사는 것을 자랑하고 부하게 사는 것을 비판하며 살아서는 안 된다. 최선을 다해 하나님의 뜻대로 의롭게 사는 사람이 성공하고 부해지며, 하나님의 뜻을 거스르고 악하게 사는 사람이 바람에 나는 겨와 같이 실패하고 가난해지는 세상을 만들어야 한다.

나는 불의한 세상에서 세상사람들과 똑같이 세상과 타협하여 성공한 사람들과 부자가 된 사람들이 싫다. 나는 그런 사람을 불쌍히 여긴다. 절대로 그런 사람들이 하나님의 복을 받은 사람이라고 생각하지 않는다. 잘 사는 사람이라고도 인정하지 않는다.

그렇지만 나는 부와 성공이라면 무조건 부정적으로 보고 가난과 실패 자체를 찬양하며 사는 사람도 싫다. 진리가 밥을 먹여주며 똑바로 가면 반드시 서울에 갈 수 있다는 확신을 가지고, 비록 좁은 길이어서 희망이 없는 것처럼 보여도 끝까지 하나님을 신뢰하며 하나님의 식과 뜻대로 살아 이 세상에서도 성공하고 승리하며 부하게 사는 사람이 되라고 외치고 싶다.

나는 부하게 사는 것이 좋다

나는 불의를 겸한 부함에 욕심 없는 깨끗한 사람이 되고자 최선을 다하려고 한다. 또 우리 후손들에게 불의한 자는 가난하게 되고 의로운 자는 부하게 되는 세상을 물려주기 위해 최선을 다하여 노력할 것이다. 사랑하는 나의 후손들이 나보다 더 하나님을 사랑하고 하나님의 나라와 의를 구하며 살게 해 달라고 기도하겠다. 그런 다음 나의 후손들이 나보다 더 좋은 것을 먹고 더 좋은 것을 마시고 더 좋은 것을 입으며 살 수 있게 해달라고 기도하겠다. 또한 이 일을 이루기 위해 최선을 다 하겠다.

가난을 무서워하지는 않겠으나 절대로 가난을 좋아하지는 않겠다. 밥을 먹으려고 진리를 외면하지 않겠다. 그럴 바에야 차라리 굶어죽는 길을 택하겠다.

그러나 그것을 나의 최종적인 기도제목으로 삼지 않겠다. 나는 진리가 밥을 먹여주고 똑바로 가야만 서울에 갈 수 있다는 것을 모든 사람들, 특별히 나의 사랑하는 자녀들에게 가르치고 싶다.

나는 "너희는 먼저 그의 나라와 그의 의를 구하라 그리하면 이 모든 것을 너희에게 더하시리라"라는 말씀이 너무 좋다. 나는 먼저 하나님의 나라와 의를 구하며 살아서 하나님의 약속 대로 이 세상에서도 하나님께서 주시는 좋은 것을 먹으며 좋은 것을 마시며 좋은 것을 입으며 사는 사람이 되고 싶다. 모든 사람이 먼저 하나님의 나라와 의를 구하며 살아 하나님이 약속해주신 좋은 것을 먹으며 좋은 것을 마시며 좋은 것을 입으며 살았으면 좋겠다.

나는 가난하게 사는 것이 싫다. 나는 부하게 사는 것이 좋다. 나는 부하고 넉넉하게 살기 위해 무엇을 먹을까 무엇을 마실까 무엇을 입을까 염려하지 않고, 먼저 하나님의 나라와 의를 구하며 사는 사람이 되고 싶다.

하늘에 보물 쌓는 부자가 되는 법 6

1 예수님은 먹을 것과 입을 것을 부정하지 않으셨다.
 예수님은 하나님의 나라와 의는 생각하지 않고 밤낮 먹을 것과 입을 것만 생각하는 것, 하나님의 나라와 의를 생각하되 먹을 것과 입을 것을 '먼저' 생각하는 것을 부정하셨다. 그러나 먹을 것과 입을 것 전체를 부정하지는 않으셨다.

2 가난의 면류관을 신앙의 궁극적 목표로 삼지 말라.
 하나님이 창조하고 섭리하는 세상은 의롭게 살면 가난해지는 세상이 아니다. 그것은 타락한 세상이다. 잘못된 세상이다. 하나님의 뜻이 왜곡된 세상이다.

3 하나님의 방식이 통하는 세상을 만들어라.
 하나님의 방식이 통하는 세상은 의인이 형통하고 악인이 망하는 세상이다. 크리스천들은 하나님을 신뢰하고 하나님의 뜻대로 사는 사람이 성공하는 세상이 되도록 힘써야 한다.

清富

PART **3**

돈지갑의
회개

chapter 7

하늘에 쌓을 수 있는 돈과 없는 돈

하늘에 쌓을 수 없는 돈

예수님은 우리에게 땅에 보물을 쌓아두지 말고 하늘에 보물을 쌓아두라고 말씀하셨다. 땅에 보물을 쌓는 일은 배우지 않아도 할 수 있지만 하늘에 보물을 쌓는 일은 생각처럼 쉽지 않다.

하늘에 보물 쌓는 법을 배우려면 먼저 하늘에 쌓을 수 없는 돈에 대해 생각해보아야 한다. 무조건 하늘에 쌓는다고 해서 모든 보물을 하늘에 다 쌓을 수 있는 것은 아니다. 세상에서는 보물 취급을 받아도 하나님 보시기에는 쓰레기 같아서 하늘에는 쌓을 수 없는 보물이 얼마든지 있다.

하늘에 쌓을 수 없는 보물 중에는 정당하지 못한 방법으로 번 돈이 있다. 아무리 많은 돈이라도 정당한 방법으로 벌어들인 것이 아니라면 그것은 절대로 하늘에 쌓을 수 없다. 그렇다면 정당하지 못한 방법으로 벌어들인 돈에는 어떤 것들이 있을까?

첫째, 도둑질한 돈이다.

남의 집 담을 넘어 들어가 훔쳐 온 돈은 두말할 나위 없이 하늘에 쌓을 수 없다. 그러나 이런 식으로 도둑질해서 사는 사람은 우리 가운데 거의 없을 것이다. 그렇기 때문에 많은 사람들이 '나는 도둑이 아니며 나에게는 도둑질한 돈이 없다'고 자신만만하게 생각한다. 하지만 우리는 우리가 알지 못하는 사이에 수시로 도둑질하며 살아가고 있다.

예전에 어느 상점에서 물건을 사고 영수증을 요구했더니 점원이 "얼마로 써드릴까요?"라고 물었다. 처음에는 그 말이 무슨 뜻인지 몰랐다. 알고 보니 영수증을 달라고 하면 영수한 금액만 써주는 게 아니라 그 이상을 써주기도 하고 어떤 때는 아예 백지 영수증(간이세금계산서 용지)을 그냥 준다는 것이다. 이 일을 통해 나는 많은 사람들이 공금을 도둑질하며 살고 있다는 것을 알았다.

이런 이야기를 하면 '뭐 그 정도 갖고 좀스럽게 그러느냐?'고 할 사람도 있을지 모른다. 그 정도는 정말이지 새 발의 피에 지나지 않는다고 생각하기 때문이리라. 솔직히 나는 내가 예로든 것 정도밖에는 도둑질에 대해 아는 것이 없다. 그러나 그것으로 충분하다. 영수증을 속여 푼돈 몇 푼 챙겼다고 해도 그 돈이 섞여 있는 돈이라면, 하나님 앞에 철저히 회개하기 전까지는 절대로 하늘에 쌓을 수 없다. 양이 많아야 하늘에 쌓이는 게 아니다. 하늘에 쌓을 수 있는 것은 깨끗한 돈과 보물이다.

하늘에 보물을 쌓는 사람이 되려면 깨끗한 돈만 벌도록 힘써야 한다. 흠 없는 돈을 벌도록 노력해야 한다. 도둑질한 돈이 없어야 한다.

둘째, 정당하지 못한 직업으로 벌어들인 돈이다.

예전에 내가 목회하던 교회 인터넷 게시판에 다른 교회 청년 한 명이 질문을 올렸다. 자기 교회에 술집에서 몸을 파는 여자가 있는데, 이 사실이 밝혀지자 교회에서 그동안 그 여자가 냈던 헌금을 모두 돌려주었다는 것이다. 그러면서 교회가 그렇게 한 것이 옳은 일인지를 묻는 질문이었다. 청년이 그런 질문을 한 것은 '교회가 그렇게까지 한 것은 지나친 것이 아닌가?'라는 생각 때문이었다고 생각한다.

물론 나도 교회가 조금 지나쳤다고 생각한다. 그렇게까지 할 필요는 없었다. 그리고 그 문제를 그런 식으로 해결해서는 안 되었다고 생각한다. 그런 방법으로는 그 여자의 문제를 해결할 수 없기 때문이다.

그 여자가 교회에 나오며 헌금까지 한 것을 보면 분명 잘못된 생활에서 벗어나고 싶어했으리라 생각한다. 이것은 곧 교회가 좀더 지혜롭게 처신하고 행동했더라면 얼마든지 여자를 그 생활에서 벗어날 수 있도록 할 수 있었다는 얘기다. 그러나 교회가 너무 지나치게, 그리고 경솔하게 행동하여 그런 기회를 놓치지 않았나 하는 아쉬움이 있다.

하지만 분명히 알아야 할 사실은 그 여자가 헌금한 돈은 하늘에 쌓을 수 없는 돈이라는 점이다. 그런 생활을 하는 사람들에게는 헌금을 통해 자신의 생활을 보상받으려는 심리가 있는데, 그 점은 정확히 지적해줄 수 있어야 한다. 성경은 이렇게 말한다.

> 창기가 번 돈과 개 같은 자의 소득은 어떤 서원하는 일로든지 네 하나님 여호와의 전에 가져오지 말라 이 둘은 다 네 하나님 여호와께 가증한 것임이니라 신 23:18

땅에 보물을 쌓지 아니하고 하늘에 보물 쌓는 삶을 살려면 돈을 버는 일부터 신경 써야 한다. 무조건 하나님께 연보만 한다고 하늘에 쌓이는 것이 아니기 때문이다. 많은 사람들은 연보만 하면, 좋은 일에만 쓰면, 하늘에 보물이 쌓이는 줄로 알지만 그렇지 않다.

그러므로 예수 믿는 사람은 직업 선택을 잘해야 한다. 억만금을 벌어도 떳떳하지 못한 직업을 가져서는 안 된다. 직업을 잘못 선택하면 평생 땅에 보물 쌓는 일만 하고 하늘에는 한 푼도 쌓을 수 없는 가난뱅이가 된다는 사실을 기억해야 한다. 그런 사람은 아무리 교회 봉사를 많이 하고 연보를 많이 해도 아무 소용이 없다.

셋째, 불로소득으로 벌어들인 돈이다.

하늘에 보물을 쌓으며 살려는 사람들이 조심하고 피해야 할 일이 있다. 그것은 도박과 투기 등으로 얻는 불로소득이다. 여기에 한 가지 더 추가하면 복권을 사는 일이다. 이것은 모두 하나님의 원칙에서 벗어난 것으로 이렇게 해서 얻은 돈이나 보물은 절대로 하늘에 쌓을 수 없다.

예수 믿는 사람들 중에도 도박하는 사람들이 많다. 도박에 중독된 사람들도 꽤 있는 것으로 안다. 나는 도박으로 부자가 된 사람을 아직까지 한 명도 본 적이 없다. 혹시 도박으로 부자가 되었다고 해도 아무런 소용이 없다. 왜냐하면 그런 돈은 한 푼도 하늘에 쌓을 수 없기 때문이다.

예전에 라스베이거스에서 어느 유명한 연예인의 어머니가 슬롯머신으로 엄청난 돈을 따서 화제가 된 적이 있었다. 그 분도 크리스천인데 슬롯머신으로 딴 돈 가운데 일부를 선한 일에 사용하겠다고 했다는 말을 얼핏 들었다. 만약 그 분이 말한 대로 그 돈의 일부를 선한 일에 쓴다고 하자. 그러나 그것은 하늘에 쌓이는 돈이 될 수 없다. 물론 다른 데 쓰는 것보다는 좋은 일이라고 칭찬할 수 있지만 분명한 것은 그 돈이 하늘에 쌓이지 않는다는 것이다.

그 돈의 일부가 아니라 전부를 가난한 사람을 위해 썼더라도 그 돈은 하늘에 쌓이는 보물이 될 수 없다. 다른 일에 쓰지 않고 가난한 사람을 위해 쓴 일은 칭찬받을 수 있지만 하늘에 쌓이는 보물은 되지 못한다는 말이다. 그러므로 도박으로 아무리 많은 돈을 번대도 그것은 축복이 아니다. 잘못하면 화(禍)나 될 뿐 정말 아무런 도움도 되지 않는다.

복권을 사는 것 역시 마찬가지이다. 당첨의 가능성도 희박하지만 혹 당첨된다 해도 그 돈은 신앙적으로 볼 때 아무 쓸데없는 돈이다. 그 돈 역시 도박으로 얻은 돈과 같아서 아무리 연보를 해도 하늘에 쌓이지 않는다. 어떤 사람이 복권에 당첨되어서 전액을 건축헌금으로 드렸다고 하자. 그렇지만 그 돈은 진정한 헌금으로 인정되지 않는다는 사실을 알아야 한다.

예수 믿는 사람들이 조심해야 할 것이 또 하나 있다. 그것은 투기이다. 투기와 투자는 잘 구분하여 투자가 투기가 되지 않도록 조심해야 한다. 특히 우리나라는 주의하지 않으면 자칫 주식투자와 부동산투자가 투기가 될 수 있다. 마음과 생각이 투자에서 투기로 돌아서는 순간 우리는 자동적으로 땅에 보물을 쌓는 사람이 되고 만다.

원론적인 이야기지만 땅에 보물을 쌓지 아니하고 하늘에 보물을 쌓는 사람이 되려면 욕심으로 돈을 벌어서는 안 된다. 아무리 힘들고 어려워도 하나님이 축복하시고 인정해주신 통로를 통해서만 돈을 벌어야 한다.

하나님의 방식에 횡재란 없다. 우리 가운데는 횡재를 복으로 아는 이들이 많은데 사실은 그렇지 않다. 하나님의 복은 횡재가 아니다. 손이 수고한 대로 먹는 것이다. 시편에서 하나님은 "여호와를 경외하며 그의 길을 걷는 자마다 복이 있도다 네가 네 손이 수고한 대로 먹을 것이라 네가 복되고 형통하리로다"(시 128:1,2)라고 말씀하셨다.

손이 수고한 대로 먹는 것이 무슨 축복이 될까 생각하겠지만 그렇지 않다. 손이 수고한 대로 먹는 것이 축복이다. 수고하지 않고 일확천금을 얻는 것은 하나님의 방식이 아니다. 하나님의 식이 아닌 방법으로 번 돈은 하늘에 쌓을 수 없다. 자연히 그런 돈은 땅밖에는 쌓을 곳이 없다.

넷째, 공정하지 않은 방법으로 벌어들인 돈이다.

공정하지 않은 방법으로 돈을 벌면 땅에 보물을 쌓는 사람이 될 수밖에 없다. 이런 사람은 자신의 권력과 지위를 이용해 돈을 벌거나 뇌물을 주고 다른 사람의 권력과 지위를 사서 그 것을 이용해 돈을 번다.

세상의 많은 사람들이 대부분 이런 식으로 돈을 벌고 있다. 그렇기 때문에 예수 믿는 사람도 그렇게 하지 않으면 이 세상 에서 도저히 돈을 벌 수 없다. '벌 수 없다'고 단정하기는 어렵 지만 그렇게 하지 않고서는 돈을 버는 일이 불가능하다고 할 만큼 힘들고 어렵다. 여기에 우리의 딜레마가 있다. 돈을 벌 수 없다고 해도 그들처럼 살 수는 없다. 왜냐하면 그렇게 번 돈은 아무리 많아도 하늘에 쌓이지 않기 때문이다. 하늘에 쌓 을 수 없는 돈은 절대로 우리에게 복이 되지 않는다.

그러면 어떻게 해야 할까? 믿는 사람들은 이 좁은 길을 기 도와 실력으로 승부하며 나아가야 한다. 힘들어도 어려워도 남들보다 좀 늦는 것 같아도 믿음으로 버티면 결국 승리하리 라고 믿는다. 물론 돈도 벌 수 있다고 믿는다. 그래야만 돈을 하늘에 쌓을 수 있고 그래야만 그 돈이 우리에게 복이 된다.

시냇가에 심은 나무

1992년, 미국에서 열린 '코스타'(KOSTA)에 강사로 초청되어 갔다가 함께 참여한 이랜드 박성수 회장의 특강을 들은 바 있다. 나는 그 강의를 평생 잊지 못할 것이다.

박 회장은 할 수 있는 한 하나님의 방식과 법대로 사업하려고 노력하는 사람이었다. 뇌물 주지 않고 탈세하지 않고 사업하려는 그는 어찌 보면 돈키호테(?) 같은 인물이었다. 그렇게 해서는 도저히 사업을 할 수 없다고 말하는데도 그는 고집을 부리며 좁은 길을 가고자 했다.

그는 자기가 하고 있는 사업 중 구두사업이 가장 하기 어렵다고 털어놓았다. 이유는 상품권 때문이란다. 당시 정부는 상품권 사용을 금하고 있었는데 다른 기업들은 할부전표 등의 이름을 붙여 편법으로 상품권을 유통하고 있었다. 그러다가 적발되어도 5천만 원 정도의 벌금을 물면 그만이었다.

그러나 이랜드는 고집스럽게 편법 쓰기를 고사했고 현금으로만 장사한다고 했다. 박 회장의 말에 따르면 5천만 원 벌금을 물고 상품권을 유통시키는 것이 훨씬 이익이란다. 그러나 박 회장과 그의 회사의 궁극적인 목적은 그 일이 이익인가 불이익인가가 아니라 그 일이 옳은가 그른가였다.

일례로 그는 편법으로 사업하는 사람들과 경쟁하는 것을 손발을 묶고 함께 경주하는 것과 같다고 표현했다. 그런데도 그는 하나님의 방식을 고집했다. 그때 나는 그가 하나님의 방식대로 사업하다가 안 되면 그만둘 각오가 되어 있음을 발견했다. 그의 목표는 사업을 하는 것이 아니라 하나님의 방식대로 사업하는 것이었다.

그의 간증은 놀라웠다. 구두사업뿐만 아니라 모든 사업이 손발을 묶고 경주하는 것처럼 힘들고 어려웠지만 망하면 망하리라는 각오로 10년쯤 열심히 뛰다 보니 자기가 일등이 되어 있더라는 것이다. 그 말을 듣고 얼마나 통쾌했는지 모른다.

나는 부족하고 허물 많은 사람이다. 하지만 나름대로 원칙을 고집하는 사람 중에 하나이다. 원칙과 진리를 고집하다 보면 대부분 "진리가 밥 먹여주냐?"라고 비아냥거린다. 그런 소리를 들으면 나도 지지 않고 "너는 밥만 먹으면 사냐?"라고 대응했다. 나는 그렇게 이야기하는 것이 옳고 근사한 일인 줄 알았다. 그러나 박 회장의 강의를 듣고 "진리가 밥 먹여주냐?"라고 말하는 사람들에게 "진리가 밥 먹여준다"라고 당당하게 대답하기 시작했다.

나는 그때 처음 진리가 밥을 먹여준다는 것을 알았다. 앞서 말했듯이 "너는 밥만 먹으면 사냐?"는 말은 근사하기는 해도 "진리는 밥 먹여주지 못한다"는 말에 동의하고 들어가는 말이다. 나는 진리대로 살면 밥을 먹을 수 없다는 패배주의적인 생각에 사로잡혀 있었다. 그러나 박 회장의 말을 들어보니 그렇지 않았다.

시편 1편에서는 하나님의 법을 따라 살지 아니하고 악인의 꾀를 좇아 사는 사람을 "바람에 나는 겨와 같다"고 하였다. 그리고 하나님의 율법을 즐거워하여 주야로 그것을 묵상하며 사는 사람은 "시냇가에 심은 나무 같아서 철을 따라 열매를 맺는다"고 말씀하였다. 나는 그 말씀을 좋아하여 즐겨 암송했는데도 내가 정작 그 말씀을 믿지 못하고 살았다는 것을 깨달았다. 하나님의 법대로 사는 사람이 결국은 형통하게 된다는 말씀을 믿지 못하고 바보같이 "너는 밥만 먹으면 사냐?"며 진리가 밥 먹여주지 못한다는 말에 간접적으로 동의하며 살아왔던 것이다.

페어플레이

세상사람들은 공정한 게임을 하려고 하지 않는다. 수단 방법을 가리지 않고 무작정 이기려고만 한다. 그래서 "모로 가도 서울만 가면 된다"는 식으로 산다. 참으로 안타까운 것은 크리스천들 역시 공정하게 살려고 하지 않는다는 것이다. 세상사람들과 똑같이 편법을 쓰며 수단과 방법을 가리지 않고 살려고 한다는 것이다. 크리스천들은 공정하게 사는 법을 훈련해야 한다. 우리에게 가장 결여되어 있는 것이 바로 이 공정성이다.

요즘엔 학교 선생님에게 선물을 하는 것이 금지되었지만, 우리 아이들이 어릴 때는 선생님들에게 선물이나 돈봉투를 드리는 일이 많았다. 우리 집도 아이들이 어릴 때 학교 선생님에게 꼭 인사를 했다. 하지만 봉투를 드리지 않고 작은 물품을 준비하여 선물로 드렸다. 이것이 우리 집의 원칙이었다. 한 가지 원칙이 더 있었다. 선생님께 대한 인사는 학기 초에 하지 않고 꼭 학년말에 한다는 것이다. 왜냐하면 학기 초에 하면 선물이 뇌물이 되지만 학기 말에 하면 선물이 정말 선물이 되기 때문이다.

　　나는 학기 초에 선생님에게 선물하는 것은 공정하지 못한 일이라고 생각했다. 왜냐하면 마음은 있으나 그럴 만한 여유가 없어서 선물을 드리지 못하는 아이들에게 잘못하면 불이익을 끼칠 수 있기 때문이다. 그러나 학년말에 드리는 것은 그렇지 않다. 정말 감사한 마음만 전할 뿐 아무런 대가도 요구하지 않기 때문이다.

　　둘째 아이가 군대에 가 있을 때의 일이다. 군종으로 복무했는데, 어느 날 군목에게 "선교용으로 쓸 15인승 소형버스 한 대를 동안교회에서 사줄 수 없느냐?"는 연락이 왔다. 물론 동안교회에는 그만한 능력이 있었다. 그러나 나는 그것이 공정한 일이 아니라고 생각했다. 물론 군선교라는 분명한 명분이 있었다. 하지만 교회재정을 사용하여 내 아이에게 조금이나

마 특혜가 돌아갈 수 있는 일을 할 수는 없었다. 나는 난처했지만 군목에게 그것은 공정한 일이 아니라고 말씀드렸다. 군목은 나의 말을 듣고 기뻐했다.

공정하게 산다는 것은 남을 억울하게 하지 않는 것을 의미한다. 남에게 손해를 끼치지 않는 것을 의미한다. 사람들은 '남에게 손해를 끼치지 않고 어떻게 이익을 보느냐?'라고 생각하지만 그렇지 않다.

조금 다른 이야기를 해보겠다. 나는 물건을 싸게 사는 것은 좋아하지만 덤핑으로 사는 것은 좋아하지 않는다. 그렇다고 덤핑 물건을 전혀 사지 않는 것은 아니다. 하지만 가급적 사지 않는다. 기분이 좋지 않아서다. 덤핑 물건은 누군가 그 물건 때문에 망했다는 것을 의미한다. 남이 망한 것 때문에 이익을 보는 일은 썩 기분 좋은 일이 아니기 때문에 그런 물건은 가급적 사지 않는다.

나는 물건을 제값 주고 사는 것이 옳다고 생각한다. 내가 사는 물건을 만들고 파는 사람들에게 정당한 이익이 돌아가는 것이 공정하다고 생각한다. 물론 공정하게 사는 것은 쉽지 않다. 특별히 돈을 공정하게 버는 것은 여간 어려운 일이 아니다. 그러나 공정하지 않은 방법으로 돈을 벌어서는 안 된다. 그 돈은 하늘에 쌓을 수 없는 쓸데없는 돈이기 때문이다.

분명히 돈 중에는 하늘에 쌓을 수 있는 돈과 하늘에 쌓을 수 없는 돈이 있다. 이것은 조금만 생각하면 금방 구분할 수 있다. 돈에 대해 반듯한 삶을 살려면 하늘에 쌓을 수 없는 돈에 대한 욕심을 버려야만 한다. 반듯하게 벌지 않은 돈은 하늘에 쌓을 수 없다. 아무리 연보를 해도 그 돈은 하늘에 쌓이는 돈이 못 된다.

많은 사람들이 연보를 하면 최소한 그 돈만큼은 하늘에 쌓일 것이라고 믿는다. 더욱이 연보를 했기 때문에 그 불의한 돈들이 세탁되어 자신을 축복하는 돈이 될 거라고 생각한다. 그러나 그렇지 않다. 절대로 그렇지 않다. 그렇기 때문에 아무리 힘들고 어려워도 하늘에 쌓을 수 없는 돈을 벌어서는 안 된다. 우리로서는 이 일이 불가능하지만 하나님을 믿고 기도하고 노력한다면 이 세상에서도 얼마든지 하늘에 쌓을 수 있는 돈을 벌 수 있다는 것을 믿기 바란다. 땅에 쌓은 돈은 아무 소용이 없다. 소용이 없는 정도가 아니라 우리에게 화가 미친다.

힘들고 어렵더라도 떳떳한 직업을 통해, 정당한 사업을 통해, 도둑질하지 않고 양심적으로, 열심히 땀 흘리고 수고하여, 남을 억울하게 하지 않고 공정하게 돈을 버는 사람들이 되기 바란다. 하늘에 쌓을 수 있는 돈만 벌면서 사는 사람이 되기 바란다.

이렇게 이야기하면 많은 사람들이 그런 원칙을 고집하다가는 절대로 이 세상에서 돈을 벌 수 없다고 대답할 것이다. 물론 나도 그것이 어렵다는 것을 인정한다. 바늘구멍처럼 좁은 길이라는 것을 인정한다. 그러나 절대로 불가능하다고는 생각하지 않는다.

믿음이 필요하다

사탄은 우리를 속이고 있다. 바르고 정당한 방법으로는 세상에서 돈을 벌 수 없다고 끊임없이 우리를 속이고 있다. 그러나 그렇지 않다. 그것은 속임수이다. 이때 정말 믿음이 필요하다. 예수님은 우리에게 그분 자신이 바로 "내가 곧 길이요 진리요 생명이니"라고 말씀하셨다. 나는 예수님이 말씀하신 '길'이 '구원에 이르는 길'만을 의미한다고는 생각하지 않는다. 예수님은 모든 것의 길이시다. 구원에 이르는 길임은 말할 것도 없거니와 이 세상에서 승리하고 성공하는 길도 되신다고 나는 믿는다.

이 세상에는 예수님의 길을 고집하여 성공한 사람이 얼마나 많은지 모른다. 세상에서 진정으로 승리하고 성공한 사람들을 연구하고 조사해보라. 그들이 모두 다 예수님의 방식과 길을 고집하여 승리하고 성공한 사람이라는 사실을 알 수 있을 것이다.

모로 가도 서울만 가면 된다는 식으로 돈을 벌려 해서는 안 된다. 하늘에 쌓을 수 없는 돈은 벌어봐야 소용이 없다. 이 세상에서는 하늘에 쌓을 수 있는 깨끗한 돈을 도저히 벌 수 없다는 불신앙을 갖고 살아가는 사람도 많은데 결코 그렇지 않다. 예수님은 우리에게 "너희를 위하여 보물을 하늘에 쌓아두라"라고 말씀하신다. 예수님이 하늘에 보물을 쌓아두라고 말씀하신 것은 그 일이 가능하기 때문이다. 예수님은 우리에게 불가능한 것을 요구하지 않으신다.

하나님이 주시는 것, 정당한 것, 깨끗한 돈만 벌고 안 되면 그냥 굶겠다는 용기, 안 되면 차라리 가난해지겠다는 용기가 있어야 깨끗한 부자의 좁은 길을 갈 수 있다. 구원의 문만 좁은 게 아니다. 예수 믿는 사람들에겐 돈의 문도 좁다. 힘들고 어렵지만 믿음을 갖고 하늘에 쌓을 수 있는 돈만 벌어서 그 돈을 하늘에 쌓으며 살아가기 바란다.

하늘에 보물 쌓는 부자가 되는 법 7

1 세상에서 보물 취급 받아도 하늘에 쌓을 수 없는 돈이 있다.
  도둑질한 돈, 정당하지 못한 직업으로 벌어들인 돈, 불로소득으로
  벌어들인 돈, 공정하지 않은 방법으로 벌어들인 돈은 하늘에 쌓을
  수 없는 돈이다.

2 하늘에 보물을 쌓으려면 돈 버는 방법부터 신경 써라.
  예수 믿는 사람은 직업 선택을 잘해야 한다. 직업을 잘못 선택하
  면 아무리 교회 봉사를 많이 하고 헌금을 많이 해도 평생 땅에 보
  물 쌓는 일만 하게 된다.

3 하나님의 방법에 횡재란 없다.
  도박이나 투기, 복권 등으로 벌어들인 돈은 선한 일에 사용해도
  하늘에 쌓이지 않는다. 수고하지 않고 일확천금을 꿈꾸는 것은
  하나님의 방법이 아니기 때문이다.

chapter 8

돈에 대한 바른 몫 가르기
(하나님 몫)

하나님의 몫은 하나님께

신앙인으로서 부끄럽지 않은 삶을 살기 위해 무엇보다 중요
한 것은 돈에 대해 반듯하고 정직한 사람이 되는 것이다. 그
런 사람이 되는 길이 쉽지 않지만 그것은 반듯한 삶을 살아가
려고 하는 사람들이 절대로 포기할 수 없는 일이다. 하나님을
믿는 하나님의 자녀들은 무엇보다도 돈에 대해 깨끗하고 허
물없는 반듯한 삶을 살아가는 사람이 되어야 한다.

돈에는 두 종류가 있다고 했다. 하늘에 쌓을 수 있는 돈과
하늘에 쌓을 수 없는 돈이다. 참으로 우리를 복되게 하고 부하
게 하는 것은 하늘에 쌓을 수 있는 돈뿐이다. 하늘에 쌓을 수
없는 돈은 절대로 우리를 복되게 하지 못한다. 도리어 그 돈은
우리의 삶과 존재를 가난하게 하고 우리의 인생에 화와 저주가

될 뿐이다.

앞에서 말했듯이, 하나님의 방식과 법대로 부끄러움 없이 벌어야 그 돈이 하늘에 쌓이는 돈이 된다. 그리고 하나님의 방식과 법대로 번 그 돈을 하나님의 뜻대로 잘 사용하여 하늘에 쌓아야 한다. 아무리 하나님의 방식과 법대로 벌었다고 해도 그것을 하늘에 쌓지 않으면 아무 소용이 없기 때문이다.

돈에는 나름대로 하나님이 정해주신 몫이 있다. 그것은 크게 셋으로 나누어볼 수 있는데, 첫째는 하나님의 몫이고, 둘째는 다른 사람의 몫이고, 셋째는 내 몫이다. 내게 들어온 돈이라고 다 내 몫이 아니라는 것을 알아야 한다. 돈에 대해 깨끗하고 반듯한 사람이 되려면 몫에 대해 깨끗하고 정직한 사람이 되어야만 한다. 그런데 대부분의 사람들이 몫에 대해 공정하지 못하고 반듯하지 못하다. 돈에 대한 욕심 때문에 하나님의 몫과 다른 사람의 몫까지 제 몫으로 하려는 마음을 품게 된다. 대부분 그렇게들 산다. 그러나 그렇게 하면 결국 그는 돈에 대해 반듯한 사람이 아니다. 하늘에 보물을 쌓고 사는 사람이 될 수 없다.

내 몫은 갖고 있어도 된다. 그러나 하나님의 몫과 다른 사람의 몫은 갖고 있으면 안 된다. 하나님의 몫과 다른 사람의 몫에 욕심부리지 않고 그것을 올바로 쓰면 그다음에 남는 내 몫은 그것이 얼마든 부끄럽지 않은 돈이 된다.

우리는 무조건 자기 몫을 많이 갖고 있는 부자에게 좋지 않은 감정을 품고 있는데, 그것은 옳지 않으며 매우 위험하다. 하나님의 몫과 다른 사람의 몫을 정확히 나누어 하나님의 몫을 하나님께 드리고, 다른 사람의 몫을 다른 사람에게 주었다면, 자기 몫으로 아무리 많은 돈을 갖고 있다고 해도 소유가 많다고 비난받아서는 안 된다.

내가 번 돈에는 하나님의 몫이 있다. 그것은 열의 하나, 곧 십일조이다. 모든 소득의 십분의 일은 하나님의 몫이다. 성경이 정확히 우리에게 그것을 말씀해주고 있다. 그러므로 내가 벌었다고 다 내 돈이 아니다. 그 돈 중에는 하나님의 몫이 있다. 하나님의 몫을 드리지 않으면 그것은 하나님의 것을 도둑질한 것이 된다. 그러므로 아무리 깨끗하고 정당하게 벌었다고 해도 하나님의 몫을 하나님께 드리지 않는다면 그 돈은 깨끗하고 바른 돈이 되지 않는다. 돈에 대해 반듯한 사람이 되기 위해 가장 중요한 일은 하나님의 몫을 드리는 것이다. 바로 정직한 십일조 생활을 하는 것이다.

신앙의 특전대원

십일조 생활이란 돈에 대한 지나친 욕심을 버리게 하기 위해 하나님이 정해놓으신 훈련이라고 생각한다. 정직한 십일조 생활로 우리가 분명히 얻는 것이 있다. 돈에 대한 욕심을 버리고 돈을 지배하고 다스릴 수 있는 힘을 얻게 되는 일이다.

군인 중에 특전대원이 있다. 조금만 높은 곳에 올라서도 다리가 떨리는데, 비행기에서 낙하산을 메고 뛰어내리는 일을 보통사람이 어떻게 할 수 있겠는가. 특전대원이라고 해서 예외는 아닐 것이다. 그러나 특전대원들은 피나는 공수훈련을 통해 서슴없이 하늘에서 뛰어내리는 강한 군인이 된다.

특전대원들이 처음부터 비행기에서 점프하는 것은 아니다. 지상에 점프대를 만들어놓고 연습을 하는데, 그 높이가 10미터라고 한다. 사람이 가장 강렬한 공포를 느끼는 높이가 11미터라고 한다. 점프대 위에 서면 눈높이가 대략 11미터로 맞춰지기 때문에 점프대를 10미터 높이로 만들어놓는다는 것이다. 이 점프대에서 뛰어내리는 연습을 자꾸 하면 결국 비행기에서도 점프를 할 수 있게 된다고 한다. 나는 이 이야기를 들으면서 다음과 같은 생각을 해보았다.

'십일조란 사람이 돈에 대해 가장 공포를 느끼는 액수이다. 십일조를 낼 수 있으면 돈에 대한 욕심으로부터 점프할 수 있다!'

하나님께서는 십일조라는 제도를 특전대용 점프대처럼 만들어놓으셨다. 거기서 뛰어내린 사람은 결국 돈에 대한 욕심에서 자유롭게 살 수 있다. 그러면 신앙의 특전대원이 될 수 있다. 그러나 거기서 뛰어내리지 못하는 사람은 절대로 신앙의 특전대원이 될 수 없다. 즉, 온전한 십일조 생활을 하지 못하는 사람은 절대로 돈에 대해 자유로운 사람이 될 수 없다. 돈에 대한 욕심에서 자유로울 수 없다. 하늘에 보물을 쌓는 사람이 될 수 없다. 그는 결국 평생 땅만 생각하며 땅에만 보물을 쌓는 사람으로 살다가 죽을 수밖에 없다.

방위 교인

나는 방위로 군 생활을 했다. 둘째 아이는 현역으로 군 복무를 했는데, 처음 얼마 동안은 유격조교 생활을 했다. 휴가를 나온 둘째 아이가 내게 말했다. "이야기를 해보면 저 사람이 군대를 갔다 왔는지 안 갔다 왔는지 금방 알 수 있을 것 같다"면서 군대를 갔다 온 사람과 갔다 오지 않은 사람은 매우 중요한 차이가 있다고 하였다.

나는 그 이야기를 들으면서 '얘가 아비가 방위 출신인 걸 알고 하는 소린가 모르고 하는 소린가?'라고 생각했다. 조금 찔리기는 했지만 일리 있는 말이다.

나도 교인들을 보면 어렵지 않게 그 분이 방위 수준인지 특전대 수준인지 알 수 있다. 온전한 십일조 생활을 힘겨워하며 적당히 십일조 생활 하려는 교인들은 아무리 믿은 지 오래되었다고 해도 방위 수준의 교인이라고 생각한다. 그런 교인과는 교회와 하나님나라를 위한 전투를 함께 수행할 수 없다. 결국에 그들은 방공호 속에 숨어 있을 사람이지 나서서 전투할 사람이 아니다. 신앙의 연륜에 관계없이 얼마든지 그런 사람이 있을 수 있다는 점을 인정한다.

신앙의 연륜이 짧은 교인이 그러는 것은 오히려 당연한 일일지도 모른다. 누구나 처음부터 낙하산을 지고 뛰어내릴 수 있는 것은 아니기 때문이다. 군에 입대한 지 얼마 되지 않은 신병이 낙하산을 타지 못하는 것은 수치가 아니다. 그것은 당연한 일이다.

그러나 신앙의 연륜이 깊고 더욱이 교회의 중직을 맡아 봉사하는 중직자들 가운데도 온전한 십일조 생활을 하지 못하는 사람이 있다. 그것은 부끄러운 일이다. 그런 사람들이 교회를 수준 낮고 연약한 교회로 만든다. 낙하산을 타지 못할 사람은 그냥 얌전히 방공호에 숨어 있는 것이 오히려 낫다. 낙하산도 타지 못하는 사람이 중요한 자리를 차지하고 앉아 전쟁터에 나와 있으면 더 문제다. 그런 사람들이 중요한 자리를 차지한 채 전쟁을 치른다면 절대로 전쟁에서 승리할 수 없다.

"목회자로서 가장 힘들고 어려운 일이 무엇이냐?"라고 묻는다면 나는 서슴지 않고 "하나님께 온전한 십일조를 드리지 못하는 사람들과 함께 목회하는 것"이라고 말하고 싶다. 나는 그것이 가장 힘들다. 도저히 이기는 전쟁을 할 수 없기 때문이다.

전투를 방해하는 세력

내가 목회했던 동안교회는 당시 교인들 가운데 절반 이상이 청년이었다. 그런데도 비교적 헌금생활을 잘했다. 교인들의 경제 수준이나 청년의 비율이 높았다는 점을 감안해보면 아마 한국에서 헌금생활을 제법 잘하는 교회 중 하나일 거라는 생각을 했었다.

그러나 희한한 일이 있었다. 교회 중직자들 중에는 십일조 생활을 정확히 하지 않는 분들이 제법 많았다는 것이다. 나는 그런 사람을 함께 하나님의 나라를 위해 전투해나가는 전우라고 생각하지 않았다. 오히려 귀한 전투를 방해하는 세력이라고 생각했다.

온전한 십일조 생활을 하지 못한다는 것은 돈에 대한 욕심을 온전히 버리지 못했다는 것을 의미한다. 돈에 대한 욕심을 버리지 못하는 사람은 자연스럽게 자리에 대한 욕심도 버리지 못한다. 온전한 십일조 생활을 하지 못하는 분이 교회의 중직을 맡으면 자연스럽게 일보다는 자리에 더 관심을 갖게 되고, 또 교회와 주님을 위하여 일하고 싸울 생각보다 교회 안에 자기 자리를 만들기 위해 더 노력하기 때문에 그 교회는 절대로 건강하고 반듯한 교회가 될 수 없다.

나는 온전한 십일조 생활을 하지 못하는 중직자들이 있는 교회는 절대로 좋은 교회가 될 수 없다고 확신을 갖고 단언한다. 중직자란 하나님과 교회를 위해 생명을 바칠 수 있는 사람을 의미한다. 그런 중직자들이 생명은 고사하고 물질의 십일조조차 하나님께 정직하게 드리지 못한다면 어떻게 생명을 주께 바치는 일에 헌신할 수 있겠는가?

물론 온전한 십일조만 한다고 해서 다 훌륭한 교인이 되고 훌륭한 교회의 일꾼이 되는 것은 아니다. 온전한 십일조와 헌신을 자랑하며 그것으로 자기 의(義)를 삼아 교회를 좌지우지하려는 사람들도 얼마든지 있을 수 있다. 예수님 시대의 바리새인들이 그 대표적인 경우이다.

그러나 훌륭한 하나님의 일꾼은 온전한 십일조 생활을 하는 사람 중에서 나올 것이 틀림없다. 우리는 이 점을 분명히 알아야 한다.

십일조는 믿음이다

사랑하는 내 아이들에게 신앙생활을 가르치고 훈련하면서 무엇보다 나는 온전한 십일조 생활을 빠트리지 않고 가르치려 애썼다. 밥을 굶더라도 십일조부터 먼저 떼라고 가르치리라 다짐했다. 나는 내 아이들이 그런 강인한 정신을 갖고 살아가기를 진심으로 바랐기 때문이다. 나는 내 아이들이 자기 몫과 하나님의 몫을 구별할 줄 모르고 하나님의 것을 도둑질하는 소인배로 살아가는 것을 견딜 수 없다.

한때 동안교회 교인들이 나에게 '세상에서 돈 이야기를 가장 잘하는 목사'라는 별명을 붙여준 적이 있다. 처음 부임해서 가장 많이 한 설교가 바로 십일조에 대한 설교였기 때문이다. 매번 십일조를 주제로 설교한 것은 아니지만 무슨 설교를 해도 끝은 십일조를 바로 하라는 말씀으로 맺었다.

그것은 교회 재정 때문이 아니었다. 최소한 십일조는 할 줄 아는 사람이 되어야만 하나님이 요구하시는 삶을 살 수 있겠다는 신념에서였다. 그래서 매번 설교할 때마다 십일조를 강조할 수밖에 없었다.

교인들이 나에게 '세상에서 돈 이야기를 가장 잘하는 목사'라는 별명을 붙여준 것은 당연한 일이다. 그러나 나는 그렇게 말하는 교인들에게 시치미 뚝 떼고 "나는 한 번도 돈 이야기

를 한 적이 없다"고 맞섰다. 열 번 설교하면 예닐곱 번은 십일
조 이야기를 하는 목사가 한 번도 돈 이야기를 한 적이 없다
고 시치미를 떼자 교인들은 어이없어하며 그냥 웃었다. 너무
어이가 없어 말도 못하고 웃는 교인들에게 이렇게 말했다.

"나는 돈 이야기 한 적이 한 번도 없어요. 내가 한 건 돈 이
야기가 아니라 헌금 이야기예요."

하지만 이것은 우스갯소리가 아니었다. 사실이다. 나는 돈
이야기가 아니라 헌금 이야기를 했다.

어느 교회 목사님이 "한 달에 십일조를 백만 원 하는 사람
백 명을 주시옵소서"라고 기도했다는 이야기를 들은 적이 있
다. 물론 좋은 의미로 해석할 수도 있지만 나는 그 기도에 동
의하지 않았다. 교인 가운데 한 달에 십일조 백만 원 하는 사
람이 백 명 있으면 그 교회는 재정적으로 문제가 없을 것이다.
사실 수천 명이 모이던 동안교회에도 그 당시 한 달에 백만 원
씩 십일조 하는 사람은 백 명이 되지 않았다. 나는 그 이야기
를 듣고 하나님께 이렇게 기도했다.

"하나님, 한 달에 엽전 두 푼이라도 좋으니 온전한 십일조
하는 사람 백 명을 주시옵소서!"

한 달에 엽전 두 푼을 십일조로 드리는 사람만 있다면 목회
자는 밥을 굶어야 할지 모른다. 그러나 죽지는 않을 것이다.
하나님께서는 어떤 방법으로든 먹여주실 것이다. 믿음으로

참고 견디면 반드시 좋은 교회가 될 것이다. 나는 그것을 믿는다.

한 달에 백만 원씩 십일조 하는 사람 백 명은 없어도, 온전한 십일조를 하는 사람 백 명이 있다면, 그 교회는 힘 있는 교회가 될 것이다.

돈은 힘이 없다. 믿음에 힘이 있다. 십일조는 돈이 아니라 믿음이다. 온전한 십일조라면 그 액수가 백만 원이든 십만 원이든 그것은 하나님 앞에서 똑같이 힘이 있다는 것을 알아야 한다.

십일조 서원

돈에 대해 반듯한 사람이 되려면 하나님의 방식과 법대로 벌어야 하지만 하나님의 방식과 법대로 쓸 줄도 알아야 한다. 하나님의 방식과 법대로 버는 것도 중요하고 어렵지만 하나님의 방식과 법대로 쓰는 것은 훨씬 더 중요하고 어렵다. 돈을 바로 쓰는 사람이 되는 것이 무엇보다도 중요하다. 돈을 바로 쓸 줄 아는 사람이 되려면 돈에 대한 몫을 제대로 구분하고 그 몫을 바르게 가를 줄 아는 사람부터 되어야 한다.

돈에 대한 바른 몫 가르기 중 가장 기본이 되는 것은 하나님의 몫을 정확하게 챙기는 것이다. 미국의 열심 있는 기독 청년들 가운데는 청년의 때에 하나님께 십일조 서원을 드리는 예가 있다.

"하나님, 연봉 10만 불까지는 십의 일조를 드리겠습니다. 연봉이 10만 불에서 15만 불이 되면 십의 일 점 오(1.5)조를 드리겠습니다. 연봉이 15만 불에서 20만 불 사이가 되면 십의 이조를 드리겠습니다."

이런 식으로 십의 구조까지 하나님께 서원한다고 한다.

부족하지만 나도 그렇게 살려고 지금까지 노력하며 연습하였다. 처음에는 온전한 십일조부터 드리자는 마음으로 율법적이라고 할 만큼 철두철미하게 지키려고 노력했다. 교인들이 과일 하나를 가져다주어도 값을 계산하여 십일조를 뗐다. 구두 상품권 한 장을 받아도 먼저 십일조부터 뗐다. 비록 그것으로 내 구두를 사지 않고 남에게 주더라도 말이다. 나는 십일조는 털끝만큼이라도 건드리지 않으려고 노력했다. 거듭된 훈련과 노력으로 나의 하나님 몫 떼기는 어느 정도 성공했다고 생각한다.

나는 내 아이들이 적어도 돈에 대한 부분만큼은 나처럼 살기 바란다. 그래서 아이들에게 나의 돈 쓰는 법에 대한 내용을 제법 상세히 일러주기도 했다. 자녀들에게 돈에 대해 무엇인가 가르칠 수 있는 부모가 되기를 바란다.

돈에 대해 반듯한 사람

십일조를 비판하는 소리들이 있다. 십일조가 구약의 율법이라느니 어쩌니 하면서 시작되었던 논쟁이, 십일조로 대형교회가 재정적으로 부하게 되고 재정적으로 부해지니까 결국 부패하더라면서 십일조를 하지 않는 것이 좋다는 둥, 말도 안 되는 논리로 번져갔다.

십일조는 구원에 관계된 말씀이 아니다. 십일조를 하면 구원을 얻고 십일조를 하지 않으면 구원을 얻지 못하는 그런 것이 아니다. 그러나 나는 십일조의 정신과 법이 우리가 이 세상에서 반듯한 삶을 살아가는 데 매우 중요한 하나님의 법이라고 확신한다.

십일조는 돈에 대해 반듯한 사람이 되도록 만들기 위해 하나님이 만드신 훈련이다. 돈에 대해 반듯한 삶을 살려면 무엇보다도 돈에 대한 바른 몫 가르기를 할 줄 알아야 하고 돈에 대한 바른 몫 가르기를 할 줄 아는 사람이 되기 위해서는 무엇보다도 돈에 대한 하나님의 몫 가르기를 정확하게 할 줄 아는 것이 필요하다.

돈에 대해 반듯한 사람이 되기 바란다. 하나님의 방식과 법대로만 돈을 버는 정직한 사람이 되기 바란다. 한 걸음 더 나아가 하나님의 방식과 법대로 돈을 쓸 줄 아는 사람이 되기 바란다. 하나님의 방식과 법대로 돈을 쓸 줄 아는 사람이 되기 위해 무엇보다도 돈에 대한 바른 몫 가르기를 할 줄 아는 사람이 되기 바란다.

돈에 대한 바른 몫 가르기를 할 줄 아는 사람이 되기 위해 돈에 대한 하나님의 몫 가르기를 할 줄 아는 사람이 되기 바란다. 그러기 위해 모두 온전한 십일조 생활을 하는 사람이 되기 바란다.

하늘에 보물 쌓는 부자가 되는 법 8

1 돈에는 하나님이 정해주신 몫이 있다.
내가 벌어들인 돈이라고 해서 모두 내 돈이 아니다. 그 돈 가운데는 하나님의 몫과 다른 사람의 몫이 섞여 있다.

2 온전한 십일조를 하는 사람만이 신앙의 특전대원이다.
십일조는 돈에 대한 욕심을 버리게 하기 위해 하나님이 정해놓으신 훈련이다. 십일조 생활을 못하는 사람은 절대로 돈 욕심에서 자유로울 수 없다. 이런 사람은 하나님의 나라와 교회를 위한 신앙의 특전대원이 될 수 없다.

3 자녀들에게 십일조 생활을 가르쳐라.
십일조를 하지 않는 것은 하나님의 몫을 도둑질한 것이다. 십일조를 할 줄 모르는 사람은 하나님이 요구하시는 삶을 살 수 없다. 자녀들에게 철저한 십일조 훈련을 시켜라.

chapter 9

돈에 대한 바른 몫 가르기
(다른 사람 몫)

다른 사람 몫 가르기

신앙인으로서 돈에 대해 반듯한 삶을 살려면 돈에 대한 바른
몫 가르기를 할 줄 알아야 한다. 내가 벌었다고 해서 그 돈이
다 내 몫의 돈이 아니기 때문이다.

　내 주머니 속으로 들어온 돈 속에는 하나님의 몫과 다른 사
람의 몫이 함께 들어 있다. 그러나 사람은 누구나 일단 자기
주머니에 돈이 들어오면 그 돈이 다 자기 돈 같아서 쉽게 바른
몫 가르기를 하지 못한다.

　하나님의 몫 가르기가 온전한 십일조였다면, 내 주머니 속
에 들어 있는 돈 중에 섞여 있는 다른 사람의 몫을 바르게 가
르는 일에는 어떤 것이 있는지 살펴보자.

나라의 몫 – 세금

내 돈이라고 생각하는 돈 속에는 내 몫이 아닌 나라 몫의 돈이 있다. 우리는 그것을 '세금'이라고 한다. 예수 믿는 사람으로 돈에 대해 반듯한 사람이 되려면, 다시 말해 돈에 대해 신앙적인 사람이 되려면 나라에 내는 세금에 대해 부끄러움 없는 삶을 살아야 한다. 절세(節稅)는 할 수 있으나 탈세(脫稅)는 절대로 해서는 안 된다. 다른 사람은 몰라도 예수 믿는 사람은 절대 탈세해서는 안 된다. 그것은 부끄러운 일이다.

우리나라에서는 2018년부터 종교인 과세가 시행되었다. 그전까지는 목회자들에게 세금이 부과되지 않았다. 그러나 나를 비롯해 내가 시무하던 교회 목회자들과 직원들은 그전에도 자진해서 세금을 냈었다. 나는 영락교회에 있을 때부터 세금을 내왔고, 그 일이 떳떳하고 바람직하다고 생각했다. 그래서 1991년 동안교회에 부임하면서 장로님들에게 "우리 교회도 자진해서 세금을 납부하자"고 제안했다.

자진하여 세금을 내자 교회 관할인 청량리세무서에서 우리교회에 사업자등록증을 내주었다. 내가 동안교회의 사장(?)이 된 셈이다. 나는 그것이 자랑스러웠다.

세금을 내지 않았기에 그때 당시 우리나라 목회자들은 대개 미국 비자를 쉽게 받지 못했다. 그러나 동안교회 출신 목회자들은 미국 비자를 쉽게 받았다. 미국 비자를 쉽게 받았던 이유 중 하나가 세금을 내기 때문이었다. 내지 않아도 되는 세금을 자진해서 내는 것은 상당히 돋보이는 일로 그들에게 신뢰감을 주었기 때문이다.

집사님 한 분이 어느 날 나에게 이번 달은 헛장사를 했다고 푸념하였다. 이유를 묻자 "직원들 월급 주고 나라 세금 내고 보니 한 푼도 남지 않았다"는 것이다. 나는 그 집사님에게 헛장사가 아니라고 일러주었다.

나는 집사님에게 "가지고 있는 것을 팔아 은행에 넣고 이자만 받아도 평생 골프 치고 살 수 있지 않느냐?"라고 물었다. 그 집사님은 아마 그럴 수 있을 거라고 대답했다. 나는 그 집사님에게 다른 사람이 "왜 사업을 하느냐?"라고 물으면 이렇게 대답해보시라고 말씀드렸다.

"내게 있는 재산을 팔아 은행에 집어넣고 이자만 받아도 평생 골프 치고 살 수 있어요. 그런데 왜 이렇게 힘든 사업을 하는지 아세요?

첫째, 돈 벌어서 직원들 월급 주려고 그럽니다. 이자 받아 살면 나만 살게 되지만 사업을 하면 직원들 월급을 줄 수 있으니 얼마나 좋습니까? 나는 직원들 월급 주는 재미로 사업합니다.

둘째, 나라에 세금 내려고 사업합니다. 별것 아니지만 그래도 나 같은 사람이 열심히 벌어 세금을 내기 때문에 나라가 이만큼이라도 되는 것 아닙니까? 나는 세금 내려고 사업합니다."

말만으로도 근사하지 않은가? 나는 예수님을 믿는 사람들이 적어도 이 정도의 스케일은 되어야 한다고 생각한다. 우리 믿음의 선조들은 나랏빚을 갚기 위해 국채보상운동을 전개하고 나라의 독립을 위해 생명을 아끼지 않았다. 그래서 '크리스천'은 곧 '애국자'로 인정받았다.

그런데 그들의 자랑스러운 후손인 우리가 세금도 정직하게 내지 않고 탈세하며 산다는 것은 보통 부끄러운 일이 아니다. 나라를 위해 생명을 바치지는 못해도 나라 세금 떼먹는 사람이 되어서는 안 될 것이다.

내가 갖고 있는 돈 중에는 나라 몫의 돈이 있다. 그 몫을 바르게 가를 줄 아는 사람이 되어야 한다. 그래서 예수님은 "가이사의 것은 가이사에게"(마 22:21) 바치라고 말씀하신 것이다.

다른 사람의 몫 - 임금

내가 갖고 있는 돈 중에는 다른 사람의 몫이 있다. 마땅히 다른 사람에게 주어야 할 몫의 돈에 욕심을 품어 자기가 갖고 있어서는 안 된다. 쉽지 않은 일이지만 내 돈 속에 있는 다른 사람의 몫을 정확히 구별해 가를 줄 아는 사람이 되기 위해 우리는 부단히 기도하고 노력해야 한다.

내 돈 속에 있는 다른 사람의 몫 중에 제일 먼저 생각할 것이 '임금'이다. 돈에 대해 반듯하게 살려고 하는 사람이 해야 할 가장 중요한 일 중에 하나가 임금을 제대로 주는 일이다.

사업가들 중에 노동자들의 임금을 착취하는 사람이 얼마나 많은가. 꼭 사업하는 사람들만 노동자에게 임금을 지불하는 것은 아니다. 살다보면 다른 사람들에게 이런저런 일을 시키고 그 품삯을 지불할 때가 있다. 남에게 일을 시켰으면 그에 합당한 품삯을 지불하려는 마음을 먹어야 한다. 그것을 착취하거나 심하게 깎으려고 해서는 안 된다.

부자들 중에는 가난한 노동자들의 노동력을 착취하여 부자 된 이들이 적지 않다. 부끄럽지만 그런 사람들 중에도 예수 믿는다는 사람들이 적지 않다. 노동자들에게 합당한 품삯을 지불하지 않고 노동력을 착취하여 부자가 되고서도 그것을 하나님의 복이라고 착각하는 사람들이 얼마나 많은가.

예수 믿는 사람들은 정당한 품삯에 대한 개념을 늘 갖고 있어야 한다. 그런 면에서 우리가 모델로 삼아야 할 사람이 성경에 나온다. 포도원 주인이다. 그는 이른 아침에 시장으로 나가 자기 포도원에서 일할 품꾼을 찾았다. 그리고 그에게 정당한 하루 품삯을 약속하고 그대로 실행했다. 오전 9시, 정오 그리고 오후 3시와 5시에도 나가서 품꾼을 찾았다. 그리고 자기 포도원에 와서 일한 모든 사람에게 똑같이 한 데나리온 씩의 품삯을 주었다(마 20:1-16).

여기서 우리는 그 포도원 주인의 마음을 헤아릴 수 있다. 그는 자기 포도원만 위하느라 일꾼을 찾았던 것이 아니었다는 점이다. 그는 자기 포도원을 위해 일꾼을 찾는 사람이 아니라 일꾼을 위해 포도원을 경영하는 사람처럼 보인다. 나는 이것이 크리스천이 가져야 할 중요한 마음자세라고 생각한다.

크리스천 기업가들은 기업을 위해 사람이 있는 것이 아니라 사람을 위해 기업이 있다는 사실을 알아야 한다. 직원들에게 정당한 임금을 주어 그들이 안정된 생활을 하도록 하는 데 사업하는 목적이 있다고 밝힌 예를 보아도 그렇다.

크리스천은 자기가 고용한 노동자들에게 할 수 있는 대로 최선의 대우를 하려는 자세를 배워야 한다. 자기 재산과 소유 중에 가난한 노동자의 몫이 들어 있지 않도록 늘 조심해야 할 것이다.

잊을 수 없는 기독실업인이 한 분 있다. 안산에서 컴프레서를 생산하는 회사를 운영하는 분이었는데, 그 분도 사업하는 제일의 목적을 직원들에게 정당한 임금을 주기 위해서라고 하신 분이다.

컴프레서 공장 하면 으레 공기가 나쁘고 작업 환경이 열악한 곳을 생각하기 쉬운데 그 회사는 그렇지 않았다. 공기가 나쁘면 직원들 건강이 나빠질 것을 염려하여 엄청난 예산을 들여서 모든 공장에 공기정화기를 설치했을 뿐만 아니라, 화장실과 샤워장을 거의 호텔 수준으로 꾸몄다. 어느 날 나는 그 분이 이렇게 말씀하시는 것을 들었다.

"직장생활 하여 고정적으로 월급을 받으면 먹고사는 일에는 별문제가 없다. 하지만 우리나라에서는 노동자들 월급만으로는 자녀들 교육비며 내 집 마련하는 일이 너무나 힘들고 어렵다."

그 분은 걱정하는 것만으로 끝내지 않았다. 실제로 직원들의 문제를 해결하기 위해 구체적인 방안을 세우기 시작했다. 우선 자기 소유의 주식 일부로 재원(財源)을 만들어 장학재단을 만든 다음 2년 이상 근무한 직원의 자녀들에게 중고등학교부터 대학교까지 등록금을 지원하기 시작했다. 그것으로 직원 자녀의 학비 문제는 완전히 해결되었다.

내가 그 회사의 직장예배를 인도할 즈음이니까 벌써 40년 전 쯤의 일이다. 그 당시 안산(그때는 반월공단이라고 불렀다)의 13평 아파트는 1,100만 원에 분양되고 있었다. 그 분은 직원들에게 아파트를 장만할 수 있게 해주고 싶어서 다음과 같은 방안을 생각하여 실천했다.

그 당시 대부분의 노동자들이 200만 원 정도 하는 전세방에서 살고 있었는데, 회사에서는 직원들에게 아파트 계약을 권했고 모자라는 돈은 무이자로 빌려주기로 했다. 그리고 빌려준 돈에 대한 상환은 회사에서 받는 보너스로 충당하게 했다. 그 회사는 일 년에 600퍼센트의 보너스를 지급하고 있었는데, 그중 400퍼센트를 받고 나머지 200퍼센트로 주택자금을 상환하게 했던 것이다. 그것은 정말 파격적인 제안이었다. 결국 그 회사 노동자들의 자기 주택 보유율은 거의 100퍼센트에 가까워졌다.

나는 그 분이 바로 성경에 나오는 포도원 주인의 심정으로 사업하는 분이라고 생각한다. 하나님께서는 그 기업에 복을 주셔서 우리나라에서 가장 건실한 기업 중에 하나가 되게 해 주셨다. 하나님께서는 예수님을 믿는 사람들이 그런 마음 자세와 철학을 갖고 사업하기 원하신다.

다른 사람의 몫 - 노동

노동자의 임금을 착취하는 사람들도 많지만 반대로 품삯을 받은 만큼 일하지 않는 노동자들도 많다. 오늘날 우리나라의 심각한 문제 중의 하나가 바로 이것이다. 우리나라는 여러 선진국에 비해 현저하게 노동집중력이 떨어지고 있다고 한다. 요즘은 많이 개선된 듯하나 아직도 품삯을 받은 만큼 열심히 일하려는 마음이 부족한 것은 사실이다.

나는 어느 사업가에게 "직원들이 하루 세 시간만 집중해서 일을 해주면 좋겠다"는 말을 들은 적이 있다. 우리는 하루에 최소한 여덟 시간씩 일하겠다는 것을 전제로 임금을 받는다. 그렇다면 우리는 최선을 다해서 하루 여덟 시간의 일을 해야 한다. 하루 여덟 시간 이상 중노동을 시키고 그에 대한 대우를 박하게 하는 업주도 문제지만 하루 여덟 시간 일할 것을 약속하고도 빈둥거리며 성실하게 일하지 않는 노동자도 문제이다.

예수 믿는 사람들은 그래서는 안 된다. 품삯을 받은 만큼 일하지 않는다는 것은 그리스도인으로서 부끄러운 일이다. 최소한 품삯을 받은 만큼은 정직하게 일해야 하고 할 수 있는 대로 품삯을 받은 것보다 더 많이 일하려고 노력해야 한다.

성실하게 일하지 않고 받은 임금과 품삯은 공정하지 못한 몫의 돈에 해당한다. 그 돈 중에는 내게 임금을 지불한 사업주의 몫이 들어 있기 때문이다. 내가 갖고 있는 돈 중에는 노동자의 몫이 있어서도 안 되며 사업주의 몫이 있어서도 안 된다는 점을 명심해야 한다.

다른 사람의 몫 - 빚

예전에 시무하던 교회의 안수집사님 중에 잊히지 않는 분이 한 분 있다. 그는 사업을 하다가 그만 거래처로부터 부도를 당해 할 수 없이 자신도 부도를 내게 되었다. 결국 그는 감옥에서 죗값을 치르고 나서 출옥했다.

하나님의 은혜로 사업을 재기하면서 그는 다시 돈을 벌게 되었다. 그러나 그는 집과 차부터 사지 않고 부도를 내면서 지게 된 빚부터 차례차례 갚아나가기 시작했다. 한 푼을 벌면 한 푼을 갚고, 두 푼을 벌면 두 푼을 갚았다. 집사님은 세상 사람들에게 감동을 주었다. 그리고 하나님께 영광을 돌렸다. 사람들 누구나 그를 칭찬했고 그를 칭찬하면서 그가 믿는 하나님까지 칭찬했다. 그 집사님이 어느 날 나에게 이렇게 이야기했다. 나는 지금도 그 말을 잊을 수가 없다.

"목사님! 빚 갚는 거 재미있어요. 저는 요즘 빚 갚는 재미로 삽니다."

서울 M교회의 은퇴 장로님 중에도 이런 분이 계셨다. 그 분 역시 사업을 하다가 부도를 내고 말았다. 재기하기 위해 청소 대행업을 시작한 그는 사장이 되어서도 청소하는 분들의 마음과 삶을 이해해야 한다며 3년씩이나 직접 리어카를 끌고 쓰레기를 치우러 다니셨다.

새로 시작한 사업이 잘되어 돈을 벌게 되었지만 그 장로님도 열심히 빚부터 갚아나갔다. 쉽지 않았지만 결국 그 장로님은 빚을 다 갚게 되었다. 빚을 갚는 동안 자동차도 없이 전철을 타고 다녔다.

그 분에 대한 이야기를 듣고 나는 장로님에게 별명을 붙여주었다. 바로 '언제나 잘 사는 사람'이다. 그는 부도를 맞아 실패한 적이 있다. 그러나 내가 보기에 그 분은 한 번도 실패한 적이 없는 분이다. 그 분은 실패하면 실패한 대로, 성공하면 성공한 대로 하나님의 방식대로 열심히 살았다. 그는 정말 언제나 잘 사는 사람이었다.

서울 Y교회 안수집사님 한 분은 친구의 빚보증을 섰다가 잘못되어 집을 내놓게 되었다. 채권자가 그 집사님에게 "당신 친구가 빚을 갚지 못하니 보증을 선 당신이 갚으라"고 요구하자 그 집사님은 "예수님을 믿는 사람은 말한 대로 한다"라며 집을 팔아 정말 그 빚을 갚아주었다. 그런 다음 자신은 빚을 갚고 남은 돈으로 서울 변두리에 땅을 사서 집을 짓고 이사를 하게 되었다. 그가 집을 지은 곳이 바로 한남대교 건너편이다. 지금은 서울의 중심, 금싸라기 땅이 되었지만 그때는 거기가 서울의 변두리였다고 한다.

그 집사님은 웃으면서 "지금 이 집을 팔면 그때 친구의 빚보증 때문에 팔았던 집 세 채 사고도 조금 더 남아요"라고 말했다. 나는 지금도 그 이야기를 잊을 수 없다.

어떤 이유로든 남에게 갚아야 할 빚이 내 수중에 있어서는 안 된다. 예수 믿는 사람은 할 수 있는 대로 남에게 빚을 져서는 안 된다. 그러나 할 수 없어서 빚을 지게 되었다면 최선을 다해 그 빚을 갚으려고 노력해야 한다. 빚 갚을 돈이 수중에 있는데도 불구하고 일부러 그 빚을 갚지 않거나 그것을 부끄러워하지 않는다면 그는 진정한 의미에서 그리스도인이라고 할 수 없다.

돈에 대해 반듯한 사람이 되려면 돈에 대한 바른 몫 가르기를 할 줄 알아야 하고, 돈에 대한 바른 몫 가르기를 할 줄 아는 사람이 되려면 남의 빚에 대해서 정직하고 성실한 사람이 되어야 한다는 사실을 잊지 말기 바란다.

남의 빚은 절대로 내 몫이 될 수 없다. 그 돈은 내 몫이 아니라 채권자의 몫이다. 그러나 우리 가운데는 다른 사람의 몫도 자기 몫인 줄 알고 살아가는 사람들이 너무 많다. 예수 믿는 사람들까지도 세상사람들과 똑같이 살아간다면 이 세상에는 정말 희망이 없다.

남의 빚을 떼어먹고 아무렇지도 않게 살아가는 사람, 빚을 자기 몫 삼아 사는 사람은 절대로 돈에 대해 반듯한 사람이 될 수 없다.

내 몫이라고 생각하는 돈 중에는 하나님의 몫이 있고, 노동자에게 주어야 할 몫(임금)이 있고, 나라에 내야 할 나라의 몫(세금)이 있고, 채권자에게 갚아야 할 몫(빚)이 있다. 돈에 대해 반듯한 신앙적인 사람이 된다는 것은 그 몫을 분명하게 구분할 줄 아는 사람이 된다는 것이다.

이 몫을 모두 정확히 구별했어도 아직 한 가지 더 구별해야 할 몫이 있다. 그것은 가난한 사람들을 위한 몫이다. 하나님께서 우리에게 주신 몫 중에는 언제나 가난한 사람들을 위한 몫이 있다. 그러므로 돈에 대해 반듯한 삶을 살려면 자기 몫이라고 생각하는 돈 중에 언제나 가난한 사람들을 위한 몫이 있다는 것을 알고 이것을 뗄 줄 알아야 한다.

성경에는 가난한 사람에 대한 구제의 말씀이 아주 많이 나온다. 성경은 이웃을 사랑하라는 계명의 실천으로 거의 매번 가난한 이웃을 구제하는 일에 대해 구체적으로 제시하고 있다. 실제로 이스라엘 사람들은 하나님의 말씀에 따라 가난한 이웃을 위해 그 몫을 떼는 일을 그 어느 민족보다 잘 하고 있다.

하나님은 추수할 때 밭 네 모퉁이를 모두 베지 말라고 말씀하셨다. 네 모퉁이를 모두 베지 말고 가난한 자들을 위해

남겨놓으라고 하셨다. 혹 곡식 단을 나르다가 떨어트렸을 때, 가난한 사람을 위해 그것을 줍지 말라고 하셨다. 그것도 부족해서 낫으로 베지만 않는다면 손으로 곡식을 뜯어가는 것은 금하지 말라고 명령하셨다.

이삭줍기의 시작

1989년으로 기억한다. 영락교회에서 협동목사로 있을 때였다. 그때 막 우리나라에 개인용 컴퓨터가 보급되기 시작했는데, 아이들이 컴퓨터를 사달라고 했다. 컴퓨터 가격이 약 50만 원 정도 했다. 적지 않은 돈이었다. 그런데 큰 부담 없이 척 사주었다. 기분이 좋았다. 어려서 늘 가난하게 살다가 아이들이 원하는 것을 부담 없이 해줄 수 있는 그 여유로움이 솔직히 좋았다.

그날 저녁 뉴스에 천호동에 사는 일가족 네 명이 집세 보증금이 너무 오른 것을 비관하여 동반 자살을 했다고 나왔다. 부부가 어린 남매와 함께. 그 돈이 50만 원이었다. 그게 참 미안했다. 미안한 것을 넘어서 체한 듯이 힘들었다. 너무 힘들어서 하나님께 짜증을 냈다. 내가 뭘 그리 큰 잘못을 했다고 이렇게 마음을 힘들게 하시냐고, 아이들 컴퓨터 사준 것이 그렇게 잘못된 일이냐고.

그때 주신 말씀이 레위기 19장의 말씀이었다.

> 너희가 너희의 땅에서 곡식을 거둘 때에 너는 밭 모퉁이까지 다 거두지
> 말고 네 떨어진 이삭도 줍지 말며 네 포도원의 열매를 다 따지 말며 네
> 포도원에 떨어진 열매도 줍지 말고 가난한 사람과 거류민을 위하여 버려
> 두라 나는 너희의 하나님 여호와이니라 레 19:9,10

꿀병을 담았던 오동나무 상자로 저금통을 만들었다. 그리
고 '이삭줍기'라고 써 붙였다. 아이들에게 컴퓨터 산 일과 일
가족 네 명이 비극을 당한 사건을 이야기해주었다. 아버지가
많이 괴로웠다는 이야기와 하나님께서 레위기 19장의 말씀이
생각나게 해주셨다는 것을 이야기해주며, 이제부터 가난한 이
웃을 위한 이삭을 모아보자고 했다. 그리고 저금통에 메모지
를 하나 붙여 놓았다. 누구든지 돈을 넣거든 누가, 얼마를, 어
떻게 마련하여 넣었는지를 적으라 했다. 큰아들이 제일 먼저
이삭줍기 통에 돈을 넣었다.

"김부열, 120원, 방바닥에서 주운 돈."

그게 우리 집 이삭줍기의 시작이었다. 어떤 모양으로든 내
게 돈이 생기거나 유익이 생기면 그것을 조금이라도 가난한 이
웃과 나누려는 생각을 그때부터 갖고 실천하게 되었다.

영락교회 아이들에게 그 설교를 하였다. 아이들이 그 설교를 듣고 이삭줍기 운동을 시작했다. 한 달 동안 이삭을 모아 첫 주일에 헌금을 하였다. 헌금 봉투에는 액수와 사연이 적혀 있었다.

"팥빙수 먹고 싶었는데, 500원."

"칼국수 대신 사발면, 800원 - 300원 = 500원."

놀라운 것은 영락교회 고등부에서 그때 시작한 이삭줍기 운동을 지금까지 계속 해오고 있다는 것이다.

이삭줍기와 오병이어 헌금

1991년 12월에 동안교회 담임목사가 되었다. 담임목사로 부임하면서 이삭줍기 헌금을 시작하였다. 이삭줍기 헌금을 열심히 하시는 교인 한 분이 물었다.

"이삭줍기 헌금의 기준은 무엇입니까?"

다시 말해 어느 선에서 하는 것이 좋은가를 묻는 물음이었다. 그 질문을 받고 밭의 네 귀퉁이를 뗀다는 것은 어느 정도인지를 계산해보았다. 가로, 세로가 각기 10인 밭은 면적이 100이다. 그 밭의 네 귀퉁이를 계산하려면 내접한 원의 면적을 구해야 한다. 정사각형에 내접한 원을 계산하는 식은 '반지름 x 반지름 x 3.14'이다. 78.5였다. 그러니 네 귀퉁이를 뗀다는 것은 그냥 산술적으로만 계산한다면 21.5퍼센트에 해당됐다. 깜짝 놀랐다. 귀퉁이라고 해서 만만하게 생각했더니 그게 아니었다. 처음부터 교인들에게 십일조 외에 21.5퍼센트의 이삭줍기를 강조하는 것은 너무 무리인 것 같아서 다른 성경구절을 찾기 시작했다.

신명기 14장 말씀이 생각났다.

매 삼 년 끝에 그 해 소산의 십분의 일을 다 내어 네 성읍에 저축하여 너희 중에 분깃이나 기업이 없는 레위인과 네 성중에 거류하는 객과 및 고아와 과부들이 와서 먹고 배부르게 하라 그리하면 네 하나님 여호와께서 네 손으로 하는 범사에 네게 복을 주시리라 신 14:28,29

사람들은 그것을 제2의 십일조라고 불렀다. 삼 년에 한 번 드리는 십일조니까 대략 삼십분의 일조라고 계산했다. 삼십분의 일조라면 대략 한 달 수입 중 하루분에 해당한다고 생각되었다. 그래서 교인들에게 한 달의 하루 몫은 가난한 이웃을 위해 이삭줍기로 드리자고 제안했다. 그렇게 모인 돈이 1억 원 정도 되었다. 이는 지금도 적지 않은 돈이지만 당시에는 정말 큰 돈이었다. 이 돈은 전액 가난한 자들을 위한 구제금으로 썼다.

이삭줍기 헌금을 하며 가장 잊을 수 없는 일이 있었다. 그것은 가난한 할머니의 이삭줍기 헌금이다. 한 달 수입의 하루 분을 가난한 자를 위해 쓰는 것이 하나님의 방식이라고 설교한 다음 주일, 할머니 한 분이 이삭줍기 헌금으로 만천 원을 헌금하셨다. 그리고 봉투에 '공장 하루 품삯'이라고 쓰셨다. 공장에서 하루 일당으로 만천 원을 받는 가난한 할머니가 목사의 설교를 듣고 천금같은 돈을 이삭줍기 헌금으로 드린 것이다.

'아, 이것이 과부의 엽전 두 푼이구나!'

나는 할머니의 헌금봉투를 보면서 말로 설명할 수 없는 감동과 은혜를 받았다.

그 할머니가 다음 달에는 만삼천 원을 이삭줍기 헌금으로 내셨다. 나는 할머니의 일당이 이천 원 오른 줄로만 알았다. 그러나 그렇지 않았다. 그 할머니의 이삭줍기 봉투에는 '일당 만천 원, 잔업 수당 이천 원'이라고 적혀 있었다. 할머니가 어느 날 하루를 가난한 자를 위해 일하는 날로 정해놓으셨다는 말이다.

할머니가 정한 그날에 마침 잔업이 있어서 잔업 수당으로 이천 원을 더 받게 되자 할머니는 더 받은 돈 이천 원을 합친 만삼천 원을 모두 이삭줍기 헌금으로 내놓으신 것이다. 죽을 때까지 잊지 못할 감동적인 이야기다. 이 할머니보다 돈에 대한 몫 가르기가 반듯한 사람이 세상 어디에 있을 수 있겠는가?

'오병이어 헌금'은 북한동포를 위한 헌금이었다. 이것은 매 주일 하는 헌금으로 한 주일에 한 끼의 점심값을 북한동포를 위해 헌금하자는 뜻으로 만든 것이다.

우리가 드리는 것이 비록 물고기 두 마리와 보리떡 다섯 개이기는 하나 빈 들녘에서 굶고 있을 사랑하는 북한동포들을 위해 예수께 내어드리면 예수님은 오늘도 오천 명이 먹고도 열두 광주리가 남는 기적을 베풀어주시리라, 하는 믿음으로 헌금을 했다.

쉽지 않았지만

1997년에 3,400평 규모의 적지 않은 동안교회 예배당을 완공했다. 약 100억 원의 예산이 투입된 공사였는데 건축 중 IMF 경제난으로 한때 매우 어렵기도 했다. 이 기간 동안 경험한 일 가운데 늘 자랑스럽게 여기는 것이 한 가지 있다. 교회 건축 때문에 재정적으로 가장 어려울 때 1억 원을 모아 북한동포를 위해 옥수수를 사 보낸 일이다.

북한동포들이 굶어 죽어간다는 소식을 신문과 텔레비전을 통해 접하면서, 예배당을 건축하는 일이 너무나 괴로웠다. 아무래도 마음이 불편해서 교인들에게 북한을 위해 헌금하자고 설교했다. 건축헌금 때문에 시달리는 교인들에게 북한을 위한 특별헌금을 또 하자고 말하는 것이 쉽지 않았지만 용기를 냈다. 그런 다음 나는 할 수 있는 대로 많이 하자고 설교했다.

그러나 액수는 이야기하지 않았다. 그저 하나님께 기도만 했다. 최소한 1억 원은 헌금할 수 있게 해달라고 기도했다. 그 당시 교세와 재정 형편을 생각할 때 1억 원 헌금은 거의 불가능한 일이었다. 그래서 하나님께 조금 깎아드리는 기도(?)를 했다.

'하나님, 1억 원이 좀 무리가 되시거든 10만 불로 맞춰주십시오.'

그 당시 10만 불이면 우리나라 돈으로 9천만 원 정도였으니 한 천만 원 정도 깎은 셈이다.

물론 나 역시 최선을 다해 헌금했다. 많은 돈은 아니었지만 현금이 부족해서 처형 댁에서 돈을 빌려다가 헌금했다. 우리 집안은 이북 출신이라 특별히 북한에 대한 빚이 있다는 생각에서 그렇게 했다.

그런데 놀랍게도 헌금은 꼭 1억 원이 되었다. 정말 놀라운 일이었다. 지금도 1억 원이 큰돈이지만 당시 동안교회의 1억 원은 다른 교회의 10억 원보다도 큰돈이었다. 장로님들과 함께 그 돈을 들고 총회사회부로 갈 때의 기쁨을 나는 아직도 잊을 수가 없다.

북한의 형제들이 먹을 것이 없어 죽어간다는 소리를 듣고도 예배당만 짓는 일은 옳지 않다고 생각했다. 이 다음에 통일이 되었을 때 북한의 형제들이 우리 예배당을 보고 뭐라고 할까 생각해보았다. 우리는 먹을 것이 없어서 고생할 때 너희들은 호사스럽게 100억 원짜리 예배당을 지었느냐고 하지 않을까, 과연 북한의 형제들이 우리 예배당을 보고 예수 믿을 마음이 생길까 하는 생각이 들었다. 혹 도끼를 들고 예배당을 허물겠다고 하지 않을까 염려되었다. 만일 그들이 그렇게 하더라도 그 일은 절대로 지나친 일이 아니라고 생각했다.

나는 100억 원짜리 예배당이 자랑스러운 것이 아니라 100억 원짜리 예배당을 지을 때 최소한 1억 원 정도 북한을 위해 헌금할 수 있었다는 것이 자랑스럽다.

남을 생각할 줄 아는 교회

교회에 있는 모든 재정으로 자기 예배당만 건축하는 것은 절대로 하나님의 방식이 아니라고 생각한다. 자기 교회의 재정이라고 그것이 다 자기 몫이라고 생각하면 안 된다. 거기에는 가난한 자의 몫이 있고 북한동포에 대한 몫이 있고 신학대학과 개척교회에 대한 몫이 있기 때문이다. 동안교회 건축을 하는 동안 교회재정에 대한 바른 몫 가르기를 하기 위해 나름대로 최선을 다했다.

예배당을 건축하면서 6억 원의 예산으로 개척교회 둘을 세웠고 신학대학교 건축을 위해 1억 5천만 원을 헌금했다. 가만 계산해보니 건축하는 동안 우리 교회 외에도 약 20억 원 정도의 돈을 사용했다. 모은 돈 20억 원 쓰기도 쉽지 않지만 교회 건축으로 돈 때문에 고생하면서 내놓은 20억 원은 절대로 쉽지 않은 돈이었다. 그러나 그 20억 원은 우리 몫이 아니라고 생각했다. 결국 교회건축 후 약 20억 원 정도의 빚을 지게 되었고 완공 후 약 일 년 반 정도 열심히 그 빚을 갚아야 했다. 물론 하나님의 은혜로 다 갚을 수 있었다.

당시에는 참 힘들고 어려웠지만 그 일을 끝내고 생각하니 얼마나 자랑스러운지 모른다. 그 후로 동안교회는 작지 않은 대형교회가 되었다. 그러나 자기만 아는 부끄러운 대형교회가 아니라 남을 생각할 줄 아는 교회가 되었다. 다른 사람들의 몫을 정확하게 구별하여 그것을 가를 줄 아는 교회로 성장했다는 점이 나는 지금도 무척 자랑스럽다.

내게 있는 돈 중에는 가난한 사람의 몫이 있다는 것을 알아야 한다. 내 몫 중의 일부를 떼어 가난한 사람들에게 나누어 주는 일도 있지만, 본래부터 내 몫이 아닌 가난한 사람의 몫이 있다는 것을 알아야 한다. 그것은 엄밀히 이야기하면 구제가 아니다. 그것은 그냥 그들의 몫을 바르게 가르는 일이다.

나는 교회뿐만 아니라 개개인이 이런 원칙과 철학을 갖고 살아야 한다고 생각한다. 하나님께서 내게 맡겨주신 돈이라고 해서 그것을 다 내 것으로 생각해서는 안 된다. 그 돈 중에는 하나님의 몫이 있고 나라의 몫이 있다. 그리고 다른 사람, 특히 가난한 이웃의 몫이 있다는 것을 알아야 한다.

할 수 있는 한 나는 그 원칙대로 살려고 노력하며, 또 그 원칙을 내 아이들에게 가르쳐주기 위해 노력했다. '돈에 대한 바른 몫 가르기'처럼 중요한 것은 없다. 이것이 바르게 될 때 진정으로 잘 살게 된다고 생각한다. 모든 크리스천이 돈에 대해 바른 몫 가르기를 할 줄 아는 사람들이 되기 바란다.

하늘에 보물 쌓는 부자가 되는 법 9

1 다른 사람의 몫도 분명하게 배당하라.
내가 번 돈 속에 다른 사람의 몫이 섞여 있다. 세금, 임금, 노동,
빚, 가난한 사람들을 위한 몫이 그것이다.

2 정당한 임금을 지불하고 성실한 노동을 제공하라.
경영자는 직원들에게 정당한 임금을 주어야 하고 노동자는 받은
임금에 대해 정당한 노동을 제공해야 한다. 노동자에게 정당한 임
금을 주지 않고 경영자에게 정당한 노동을 제공하지 않는 것은 크
리스천의 바른 태도가 아니다.

3 가난한 사람의 몫을 구별하라.
성경은 이웃을 사랑하라고 말씀하신다. 고아와 과부를 구제하라
고 말씀하신다. 아무리 십일조를 드리고 세금을 잘 내고 품삯을
정당하게 지불해도 가난한 사람을 위한 몫을 떼지 않으면 바른
몫 가르기를 하지 못한 것이다.

清富

PART 4

청부(清富)의 길

chapter 10

하늘에 보물을 쌓는 부자가 되라

돈을 땅에 쌓으면 안 되는 3가지 이유

사람들이 살면서 가장 중히 여기고 최선을 다하는 일이 있다
면 그것은 아마도 땅에 보물을 쌓는 일이 아닐까 싶다. 그 일
에 인생을 걸었다고 해도 전혀 지나치지 않을 만큼 사람들은
땅에 보물을 쌓는 일에 몰두하고 있다.

　사람들은 땅에 보물을 얼마나 많이 쌓았는지에 따라 성공
과 실패, 행복과 불행이 나뉜다고 확신한다. 하지만 예수님
은 이런 우리를 향해 "너희를 위하여 보물을 땅에 쌓아두지 말
라"(마 6:19)라고 말씀하신다. 그렇다면 예수님은 왜 우리에
게 "너희를 위하여 보물을 땅에 쌓아두지 말라"고 말씀하셨을
까? 땅에 보물을 쌓아두는 것이 우리에게 어떤 문제를 불러일
으키기에 그렇게 말씀하시는 걸까?

첫째, 돈은 믿을 만한 것이 아니기 때문이다.

돈은 우리가 생각하는 것만큼 우리를 행복하게 하지 못한다. 돈은 우리의 삶을 조금 편안하게 할 수는 있지만 평안하게 할 수는 없으며, 우리를 재미있게 할 수는 있지만 참삶의 기쁨을 맛보게 할 수는 없다. 그러므로 돈을 믿고 의지하며 사는 사람은 진정한 삶의 기쁨과 평안을 잃어버리고 사는 불행한 사람이다.

또 돈은 세상에서 가장 불안정한 것이기 때문에 믿을 만하지 않다. 예수님은 돈은 '좀과 동록이 해하며 도둑이 구멍을 뚫고 도둑질해 가기도 하는 것'이라고 말씀하셨다. 도둑이 담을 넘어 들어와 직접 훔쳐가는 것만 도둑맞는 것이 아니다. 사업하다 실패하는 것도 도둑맞는 것이요, 주가가 떨어져서 하루아침에 재산을 잃어버리거나 손해를 보는 것도 도둑맞는 것이다. 월급보다 물가가 더 많이 오르는 것 또한 도둑맞는 것과 같다.

돈은 버는 것도 어렵지만 지키는 것이 더 어렵다. 세상에서 가장 불안정한 것이 돈이기 때문이다. 그러므로 이런 불안정한 재물에 마음을 두고 의지하는 사람처럼 어리석은 사람도 없다. 그런 사람은 불안정한 돈이 무너질 때 돈과 함께 무너질 수밖에 없다. 땅에 쌓은 필요 이상의 돈은 있어봤자 우리에게 별 소용도 없고, 또 그것이 무너질 때 사람과 그 사람의 인

생까지 무너트리게 된다. 그러므로 어리석은 욕심으로 땅에
보물을 쌓아서는 안 된다.

둘째, 돈에 대한 욕심은 우리 눈을 나쁘게 하기 때문이다.

여기서 눈을 나쁘게 한다는 것은 분별력을 잃게 만든다는
뜻이다. 점점 나이를 먹어가면서 살아가는 데 무엇이 중요한
지 알게 되는 것 같다. 있으면 좋고 없어도 큰 문제없는 것들
은 살아가는 데 그다지 중요하지 않다. 없어서는 안 되는 것,
반드시 있어야만 하는 것들이 정말 중요한 것이다.

없어서는 안 되고 반드시 있어야 하는 것에도 여러 가지가
있다. 그중에 하나로 나는 '분별력'을 꼽는다. 옳고 그름을 정
확히 분별해낼 수 있는 능력, 좋고 나쁨을 바르게 분별해낼
수 있는 능력, 무엇이 가치 있고 무엇이 가치 없는 것인지 분별
할 수 있는 능력은 매우 중요하다.

분별력에 문제가 생긴다면 절대로 승리할 수 없고 성공할
수도 없다. 분별력에 문제가 생기면 열심히 성실하게 살아도
아무 소용이 없게 된다. 분별력이 없는 사람은 열심히 살아도
망하고 나태하고 불성실하게 살아도 망한다.

열심히 성실하게 사는 것도 중요하다. 그보다 더욱 중요한
것이 정확한 분별력과 판단력을 갖는 것이다. 그러므로 나와
내 자녀들을 위해 정확한 분별력을 갖게 해달라고 기도하는

일은 반드시 필요하다. 나는 예수를 믿음으로써 얻을 수 있는 최고의 복이야말로 바른 분별력을 갖게 되는 일이라고 생각한다.

성공적인 삶을 살려면 정견(正見)과 선견(先見)이 있어야만 한다. 바둑을 둘 때 패배하는 이유는 후수(後手)를 두고 악수(惡手)를 두기 때문이다. 그런데 땅에 보물을 쌓는 욕심은 우리를 어리석게 만들어서 인생의 바둑에서 후수와 악수를 두게 한다.

학교 다닐 때 어깨 너머로 바둑을 배워 친구들과 몇 번 바둑을 둔 적이 있다. 그때 내 바둑 실력은 아마 10급 정도 되지 않았을까 싶다. 그런데 이상한 일은 내 바둑을 두면 10급 실력인데 남이 바둑 둘 때 훈수하면 8급 실력이 된다는 것이다. 그런데 이것은 나만 그런 것이 아니다. 누구나 다 마찬가지이다. 그렇다면 왜 자기 바둑을 둘 때보다 훈수할 때 실력이 높아지는 것일까?

그것은 욕심 때문이다. 자기 바둑을 둘 때는 꼭 이겨야 한다는 승부욕이 눈을 어둡게 하여 볼 수 있는 수(手)를 보지 못하고 만다. "욕심에 눈이 먼다"라는 말도 있지 않은가! 그러나 남의 바둑을 훈수할 때는 욕심이 없어진다. 욕심이 없으면 마음이 깨끗해져서 자기가 볼 수 있는 데까지 다 보게 되는 것이다.

예수님이 말씀하신 산상보훈 중에 "마음이 청결한 자는 복이 있나니 그들이 하나님을 볼 것임이요"(마 5:8)라는 말씀이 있다. 하나님을 본다는 것은 하나님의 생각과 수를 읽을 수 있다는 말씀으로 해석할 수 있다. 이 세상에서 하나님의 생각과 수를 읽으며 살 수 있다면 그는 절대로 실패할 수 없을 것이다. 하나님의 생각과 수를 읽는 것처럼 복된 일이 어디 있겠는가? 그런데 예수님은 마음이 깨끗한 사람이 바로 그런 복을 받게 되리라고 말씀하고 계신다.

땅에 보물을 쌓아두려는 마음은 욕심 없는 깨끗한 마음이 아니라 욕심으로 가득 찬 깨끗지 못한 마음이다. 욕심으로 마음이 더러워지면 볼 것을 보지 못한다. 정수(正手)와 선수(先手)의 복을 받을 수 없다. 그러므로 그는 밤낮 악수와 후수를 두는 사람이 될 수밖에 없고 결국 인생의 패배자가 된다.

자기는 아무리 잘 한다고 해도 후수와 악수를 두는 사람은 절대로 고수(高手)가 못 된다. 인생의 하수(下手)밖에 될 수 없다. 땅에 보물을 쌓는 사람은 인생의 하수이다. 예수님은 부자가 하늘나라에 들어가는 것이 낙타가 바늘구멍으로 들어가는 것보다 더 어렵다고 말씀하셨다. 왜냐하면 부자들 중에는 하수가 많기 때문이다. 인생의 승리는 돈이 아니라 바른 수로 얻는다는 것을 그들은 모르고 있는 것이다.

예수님은 "눈은 몸의 등불이니 그러므로 네 눈이 성하면 온

몸이 밝을 것이요 눈이 나쁘면 온 몸이 어두울 것이니 그러므로 네게 있는 빛이 어두우면 그 어둠이 얼마나 더하겠느냐"(마 6:22,23)라고 말씀하셨다.

눈이 몸의 등불이라는 말씀은 앞을 정확하게 내다보는 수에 그의 인생이 달렸다는 뜻이다. 그러므로 땅에 보물을 쌓아두려다가는 눈과 수가 나빠지고, 인생을 보는 눈이 나빠지면 온몸이 어두워질 것이며 그 어둠이 아주 심하게 될 것이라는 말씀이다.

하나님은 인간을 창조하실 때 인간에게 그분의 영(靈)을 불어넣어주셨다. 우리는 우리에게 불어넣어주신 하나님의 영은 하나님의 생각과 마음, 다시 말해서 하나님의 수라고 해석할 수 있다.

돈과 세상에 대한 욕심을 갖고 사는 사람은 하나님의 영과 수를 갖고 살 수 없다. 그러므로 밤낮 후수와 악수를 두어 패배할 수밖에 없는 이치이다.

셋째, 돈에 대한 욕심은 하나님에 대한 믿음을 앗아가기 때문이다.

돈에 대한 욕심이 많은 사람은 절대로 믿음이 자라지 않는다. 아무리 오래 교회를 다녀도, 예수를 믿어 중한 직분을 맡는대도 돈에 대한 욕심에서 자유롭지 못한 사람은 절대로 믿음이 자라지 않는다.

예수님은 마태복음 6장 24절에서 "한 사람이 두 주인을 섬기지 못할 것이니 혹 이를 미워하고 저를 사랑하거나 혹 이를 중히 여기고 저를 경히 여김이라 너희가 하나님과 재물을 겸하여 섬기지 못하느니라"라고 아주 단정적으로 말씀하셨다.

땅에 보물을 쌓는 사람은 돈이 그의 하나님이 된다. 아무리 교회에 다니고, 입으로 '주여, 주여' 해도 이런 사람의 주(主)는 하나님이 아니라 돈이다. 그러므로 그는 구원을 얻을 수 없다. 이것은 첫째와 둘째 이유, 즉 돈을 의지하다가 넘어지는 것과 돈에 눈이 어두워 하수가 되는 것과는 비교도 되지 않는 문제이다. 이 문제는 세상에서 성공하느냐 실패하느냐 정도의 문제가 아니다. 하나님나라에 들어가느냐, 못 들어가느냐가 걸린 아주 중요한 문제이다. 우리의 구원이 달려 있는 문제이다.

돈에 대한 욕심 때문에 땅에 보물을 쌓고 사는 사람은 결국 구원을 얻을 수 없게 될 것이다. 당신은 과연 하나님을 믿고 섬기는 사람인가, 돈을 믿고 섬기는 사람인가?

하늘에 쌓을 수 있을 만큼 벌어라

땅에 보물을 쌓지 않는 사람이 되려면 어떻게 해야 하는가?

예수님은 여기에 대해 우리에게 아주 분명하고도 적극적인 방식으로 말씀해주신다. 그것은 땅에 보물을 쌓지 않는 사람이 되려면 하늘에 보물을 쌓는 사람이 되어야 한다는 것이다.

"오직 너희를 위하여 보물을 하늘에 쌓아두라"(마 6:20).

땅에 보물을 쌓아두지 말라고 해서 아예 돈을 멀리하거나 무조건 가난하게 살려고 해서는 안 된다. 이것은 매우 소극적인 생각이다. 예수님은 돈을 멀리하여 아예 땅에 돈을 쌓을 것이 없도록 하라고 말씀하지 않으시고 적극적으로 돈을 벌어 하늘에 쌓으라고 말씀하신다. 여기서 우리는 기독교의 긍정적이고 적극적인 철학을 배울 수 있다.

기독교에서 가난은 죄도 아니고 부끄러움도 아니다. 왜냐하면 정직하고 성실하게 살아도 세상이 잘못되어 얼마든지 가난할 수 있기 때문이다. 오히려 의로운 가난과 자랑스러운 가난이 얼마든지 있을 수 있다. 그러나 이 의로운 가난과 자랑스러운 가난 역시 가난 자체가 의롭고 자랑스러워서 생긴 것이 아니다. 세상이 비뚤어지고 왜곡되어 있기 때문에 그렇게 보이는 것이다.

마찬가지로 기독교에서 부함은 죄도 아니고 부끄러움도 아니다. 부끄럽고 죄스러운 부(富)가 없지 않지만, 무조건 모든 부가 다 부끄럽고 죄스러운 것은 아니며 부 자체가 부끄럽고 죄스러운 것은 더더욱 아니라는 점을 분명히 알아야 한다.

그러므로 돈에 대한 욕심을 버리고 땅에 보물을 쌓지 않는 사람이 되기 위하여 무조건 가난한 사람이 되려고 할 필요는 없다. 도리어 성경은 우리에게 적극적으로 부자가 되되 그 부함을 땅에 쌓지 말고 하늘에 쌓으라고 말씀하신다.

보물을 쌓는다는 표현 자체가 부함을 의미하는 것이다. 중요한 것은 보물을 쌓을 만큼 돈을 버는 데 있는 것이 아니라 그것을 어디에 쌓느냐 하는 데 있다. 다시 말해 돈을 땅에 쌓느냐 하늘에 쌓느냐가 중요한 문제이지, 보물을 쌓을 만큼 돈을 버는 것이 문제는 아니다.

하나님은 예수님을 믿는 우리가 할 수 있으면 하늘에 보물을 쌓을 수 있을 만큼 열심히 그리고 성실히 돈을 벌어 살기 원하신다. 돈에 대해 욕심이 없다고 그저 자기 먹고 살 만큼만 돈을 벌려는 사람이 있다면 그는 잘못된 사람이다. 자기 먹고 살 만큼만 돈을 벌지 말고 하늘에 쌓을 수 있을 만큼 벌어야 한다.

예수님은 자기에게 필요한 돈만 벌고 더 이상 돈에 대해 욕심을 부리지 않는 사람이 되라고 말씀하지 않는다. 예수님은 자기에게 필요한 돈만 버는 사람이 아니라 하나님의 필요를 위해 돈을 버는 사람이 되라고 말씀하신다.

많은 사람들이 "너희를 위하여 보물을 땅에 쌓아두지 말라"라는 말씀만 생각하고 거기에 착념한다. 그러나 예수님이 말씀하신 것은 "너희를 위하여 보물을 땅에 쌓아두지 말라"는 것이 아니라 "너희를 위하여 보물을 땅에 쌓아두지 말고 하늘에 쌓아두라"는 말씀까지다. 더욱이 이 말씀의 핵심은 "보물을 하늘에 쌓아두라"는 것이다. 그러므로 이 말씀은 돈에 대한 부정적인 말씀이 아니라 돈에 대한 긍정적인 말씀이다.

의로운 부자 되기

오래전에 부산의 한 교회에서 집회를 인도한 적이 있다. 당시 개척한 지 10년 정도 되었고 장년 출석교인이 200명이 채 안 되는 교회였는데 이 교회가 2천 평이 넘는 대지에 천 평이 넘는 본당과 교육관을 완공하고 입당예배를 드렸다.

비용이 어느 정도 들었는지 물어보았더니 50억 원 정도 들었다고 했다. 나는 도무지 이해가 되지 않았다. 어떻게 출석교인이 200명도 안 되는 교회가 50억 원의 헌금을 할 수 있었는지 도무지 알 수 없었다. 동안교회는 출석교인이 2천 명이 넘었을 때 비로소 100억 원 예산으로 건축할 수 있었다. 그러면 대충 계산해보아도 동안교회 교인들보다 평균 다섯 배 이상 많은 헌금을 했다는 결론이 나온다.

어떻게 그럴 수 있었는지 그 교회 목사님에게 물어보았더니 장로님 한 분이 혼자서 총 비용의 3분의 2 이상 되는 액수의 헌금을 하셨다는 것이었다. 50억 원의 3분의 2라면 최소한 30억 원이 넘는다는 이야기인데, 그것은 아무리 부자라고 해도 쉽지 않은 일이었다.

집회하는 동안 나는 그 장로님의 차를 타고 다녔다. 물론 좋은 차였다. 그러나 우리나라 차 중에서 꽤 좋은 차이지 가장 좋은 차는 아니었다. 30억 원을 건축헌금으로 선뜻 내놓는 부자의 차치고는 지극히 검소했다. 그 교회 목사님은 내게, 그렇게 많은 헌금을 하고도 장로님은 교회를 마치 자기 소유처럼 좌지우지하는 것처럼 보일까 봐 얼마나 겸손하게 처신하시는지 모른다고 말씀하였다.

목사님의 이야기를 듣고 나서 나는 그 장로님이 자기를 위해서가 아니라 하나님을 위해서 돈을 쓸 줄 아는 훌륭한 분임을 알게 되었다. 자신을 위해서가 아니라 하나님을 위해서 그렇게 물질을 쓸 줄 알고, 성경 말씀대로 하늘에 보물을 쌓을 줄 아는 사람이라면 점점 더 부자가 되어도 좋겠다는 생각도 들었다. 이런 사람은 하나님께서 마음 놓고 더 큰 부자가 되도록 밀어주시겠다고 생각했다.

그런데 나만 그렇게 생각한 것이 아니었다. 하나님도 똑같이 생각하셨던 것 같다. 교회를 위하여 그렇게 많은 헌금을 한 후 그 장로님은 더욱더 부자가 되었다고 한다. 장로님이 경영하는 회사는 제품의 대부분을 외국에 수출하고 있었는데 IMF 경제난 때 환율이 급상승하는 바람에 주체할 수 없을 만큼 큰돈을 벌어 공장부지를 만여 평이나 더 확장하게 되었다는 것이다. 교인들과 공장 직원들에게도 큰 간증이 되었다고 한다.

나는 한국교회에 이 장로님과 같은 의로운 부자가 많으면 좋겠다. 자기의 필요를 위해서가 아니라 하나님의 필요를 위해 큰돈을 벌고 쓸 줄 아는 사람이 많으면 좋겠다. 이 일에 욕심을 내는 분이 많아지기를 기대한다. 이것은 기복적인 신앙과는 전혀 다른 것이다. 나는 이것이 건강한 기독교 신앙이라고 확신한다.

돈을 벌어 하늘에 쌓는 부자

나는 목회하면서 거의 안수기도를 하지 않았다. 특별히 청을 하면 할 수 없이(?) 머리에 손을 얹고 기도하는 정도이지 좀처럼 하지 않았다. 그러나 나는 교인들에게 이런 내용의 설교를 하면서 의로운 부자 되기를 하나님께 서원하는 사람이 있다면 특별히 안수기도를 해주겠다고 공포한 적이 있었다.

내가 안수기도를 하겠다니까 별로 신임이 가지 않았는지,

많은 사람들이 찾아오지는 않았다. 찾아온 몇몇 사람은 그 특별한 안수기도를 받고 갔다. 나에게 안수기도를 받은 사람 가운데 이 아무개라는 집사가 있었다. 건축업을 하는 분이었는데 사정이 어렵게 되어 파산을 눈앞에 두고 있었다. 부부가 함께 나를 찾아와 처지를 이야기하고는 나의 안수기도를 받고 돌아갔다.

어느 날 나는 교회 사무실에 출근하여 지난 주 헌금보고서를 읽게 되었다. 십일조를 드린 사람 명단 중에 그 집사님의 이름이 있었다. 그 집사님이 드린 십일조 액수는 770만 원이었다. 나는 내 눈을 의심하지 않을 수 없었다. 카드대출로 하루하루를 버티던 분이 어떻게 몇 달 새 무려 770만 원을 십일조로 드릴 수 있게 되었을까. 나는 하나님께 능히 그런 일을 이루실 만한 능력이 있다고 믿는다. 바른 마음으로 보물을 하늘에 쌓기 위해 하나님께 서원해가며 열심히 노력하면, 그래서 하나님께서 그것을 인정하고 축복해주시면 얼마든지 그런 일이 일어날 수 있다고 믿는다.

강조하거니와 세상에 돈처럼 불안전하고 불안정한 것은 없다. 돈은 좀도 슬고 도둑이 구멍을 뚫고 들어와 도둑질도 해가기 때문이다. 그러므로 땅에 보물을 쌓고 그것을 의지하는 사람은 한시도 마음 편히 살 수 없다. 그것이 무너질 때 그의 인생도 무너지고 만다. 돈에 대한 욕심으로 보물을 땅에 쌓고 사는 사람은 눈이 어두워져 훈수와 악수만 두는 하수가 되고 만다. 결국 믿음 없는 사람이 되어 하나님을 섬길 수 없는 사람이 될 수밖에 없다.

그러므로 우리는 땅에 보물을 쌓는 사람이 되어서는 안 된다. 그러나 일부러 가난한 사람이 될 필요는 없다. 우리는 자기 필요에 따라 돈을 벌고 쌓는 사람이 아니라 하나님의 필요에 따라 돈을 벌고 쌓는 사람이 되어야 한다.

땅에 보물을 쌓지 않는 것이 중요한 것이 아니다. 하늘에 보물을 쌓는 것이 중요하다. 나는 예수 믿는 사람 중에 그런 부자가 많이 나왔으면 좋겠다. 예수 믿는 사람들이 의로운 부자가 되기 위한 욕심을 갖고 열심히 그리고 성실히 살았으면 좋겠다. 그래서 이 땅에 살면서도 하늘에 보물을 가득가득 쌓으며 살아가는 의로운 부자들이 많아지면 좋겠다.

얻어먹는 삶, 벌어먹는 삶

성경은 "누구든지 일하기 싫어하거든 먹지도 말게 하라"(살후 3:10)라고 했다. 그만큼 노동을 굉장히 중요하게 여긴다. 또한 "네 손이 수고한 대로 먹을 것이라 네가 복되고 형통하리로다"(시 128:2)라고 했다. 처음에는 이해가 잘 안 됐다. 나는 그냥 누워 있어도 감 떨어지는 것이 복인 줄 알았다. 수고 안 하고 먹는 게 복이지, 내가 수고해서 먹는 게 무슨 복인가 싶었다. 하지만 생각해보니, 그리고 살아보니 정말 수고한 대로 먹는 게 복이다. 그렇게 땀 흘리고 먹는 것이 달고 맛있다.

탈북자들을 돕기 위해 그들을 고용하는 공장을 세운 적이 있다. 그들이 한 달에 100만 원을 요구했는데, 한 달에 124만 원을 맞춰주었다. 그런데도 일하러 안 왔다. 직업이 없으면 정부에서 약 60만 원 정도 생활보조비를 주었는데, 그 돈을 받으며 적당히 아르바이트만 해도 120만 원은 충분히 벌 수 있으니, 좀 편히 자유롭게 살겠다고 안 오는 것이다. 같은 액수인데 뭐하러 공장에서 힘들게 일하냐는 것이다. 그래서 내가 이런 말을 했다.

"당신들 말도 맞는데 그것은 얻어먹는 것이고, 이것은 벌어먹는 거야. 그것이 달라."

탈북자들이 자존심이 셌는데, 내가 그 자존심을 건든 것이다. '얻어먹을래? 벌어먹을래?' 하면서. 쉽기는 얻어먹는 게 쉽다. 그러나 그것은 그게 끝이다. 더 이상 발전할 수 없다. 하지만 비록 더 고되고 힘들지만 벌어먹는 것은 여기가 시작이다. 더 발전할 수 있다. 손이 수고한 대로 먹는 것이 기독교의 정신이다.

기독교는 복을 이야기한다. 노동을 중요하게 여기지만, 나 혼자 잘 먹고 잘 살면 된다는 것은 기독교의 정신이 아니다. 복 받아서 나만 잘 살면 된다는 것이 아니다. 하나님은 창세기 12장에서 아브라함에게 복을 주시면서 "너는 복이 될지라"라고 하시며 "너 때문에 나라가 복을 받을 거야. 민족이 복을 받을 거야"라고 하셨다. 나는 이 말씀이 너무 좋다.

은퇴하기 전에 천안에 높은뜻씨앗스쿨이라는 학교를 세웠다. 교훈을 정할 때 두 번 생각하지 않고 이렇게 지었다.

"세상에 복이 되는 어린이."

이것이 교육의 목적이다. 열심히 공부해서 유능한 사람이 되는 것, 그래서 돈도 잘 벌고 성공했는데 그 성공으로 혼자서 잘 먹고 잘 사는 것이 아닌 다른 사람에게 복이 되는 삶을 살자는 것이다. 흔히 얘기하는 '노블레스 오블리주'다.

나는 아이들을 키우면서 '공부해라'라는 말을 별로 하지 않았다. 그런데 딱 한 번 큰아이가 고3 때 이 말을 한 적이 있다. 큰아이는 공부에 뛰어난 아이였다. 그런데 영 공부를 안 하기에 "공부 좀 해야지"라고 하며 해준 이야기가 있다.

"세상에 두 종류의 사람이 있다. 오천 명분을 혼자 먹는 사람, 오천 명을 먹이는 사람. 사람들은 오천 명분을 혼자 먹는 사람을 잘 산다고 하지만 그것은 잘 사는 것이 아니라 부자로 사는 거야. 잘 사는 사람은 오천 명을 먹이는 사람이야. 공부해서 남 주냐고 하는데, 공부해서 남 주거라. 돈 벌어서 남 줘라. 오천 명을 먹이는 사람이 되어라."

이 말이 큰아이에게 도전이 되었던 모양이다. 그 다음 날 책상 앞에 이렇게 써붙여 놓았다.

"공부해서 남 주자. 오천 명을 먹이는 사람이 되자. 하나님께 최상의 것을 드리자."

큰아이는 그날부터 정말 열심히 공부했다. 나는 할 수 있다면 열심히, 정직하게, 손이 수고한 대로 돈 벌어서 오천 명을 먹이는 사람이 되는 게 바른 기독교 정신이라고 생각한다.

사회적 기업이라는 것이 있다. 일반 기업은 빵을 팔려고 고용을 한다. 그런데 사회적 기업은 고용하려고 빵을 판다. 똑같이 빵을 팔아서 돈을 벌지만, 순서에 차이가 있다. 이것이 참 근사했다. 예수 믿는 사람들이 염두에 둬야 할 물질관이다. 예수 믿는 사람들이 물질에 대한 청지기적인 바른 관(觀)을 가지고 열심히 경제생활을 한다면 조금 더 좋은 세상이 되지 않을까.

하늘에 보물 쌓는 부자가 되는 법 10

1 돈을 땅에 쌓지 말라.
   돈은 믿을 만한 것이 아니다. 돈은 분별력을 잃게 만든다. 돈은
   하나님에 대한 마음을 빼앗아간다. 그래서 예수님은 "너희를 위하
   여 땅에 보물을 쌓아두지 말라"고 말씀하신 것이다.

2 땅에 보물을 쌓는 사람은 돈이 하나님이 된다.
   땅에 보물을 쌓는 사람의 주(主)는 하나님이 아니라 돈이다. 돈에
   대한 욕심 때문에 땅에 보물을 쌓는 사람은 결국 천국에 들어갈
   수 없다.

3 적극적으로 돈을 벌어 하나님의 필요를 위해 사용하라.
   땅에 보물을 쌓아두지 않기 위해 아예 돈을 멀리하고 가난하게 산
   다면 이는 올바른 태도가 아니다. 보물을 하늘에 쌓을 수 있을 만
   큼 벌기 위해 힘쓰는 것이 성경적 삶의 자세이다.

chapter 11

세상의 불평등을
치유하는 부자가 되라

공평과 불공평

사람들은 흔히 하나님을 공평하신 분이라고 생각한다. 그러나 정말 그럴까? 하나님은 정말 공평하신 분일까? 나는 그렇지 않다고 생각한다.

사람은 태어날 때부터 공평하지 못하게 태어난다. 어떤 사람은 가난한 사람으로, 어떤 사람은 부자로 태어난다. 어떤 사람은 건강한 사람으로, 어떤 사람은 약한 사람으로, 심지어 장애를 갖고 태어나기도 한다. 또 어떤 사람은 재능이 많은 사람으로, 어떤 사람은 재능이 부족한 사람으로 태어난다.

자기가 잘못하고 실수해서 가난하고 약해지는 것은 얼마든지 이해할 수 있다. 그러나 자신의 의도와는 상관없이 태어날 때부터 가난하고 병약한 사람이 얼마나 많은가. 이런 태생적인 차별 때문에 한 사람이 인생을 살면서 겪어야 할 어려움을 상상해보면 공평하신 하나님이라고 이야기하는 것은 왠지 무리라는 생각이 든다. 이런 의미에서 나는 불공평하신 하나님이라고 조심스럽게 말한다.

그러나 그 불공평 속에 우리가 쉽게 이해할 수 없는 하나님의 '깊으신' 뜻이 있다. 불공평 속에 하나님의 의도가 담겨 있다는 말이다. 불공평에 담긴 하나님의 의도는 과연 무엇일까? 우리는 여기서 두 가지를 생각해볼 수 있다.

첫째, 하나님의 불공평은 우리의 생각만큼 심각하지 않다.

많은 사람들이 좋아하는 찬양 가운데 뇌성마비 장애를 가진 시인 송명희 씨의 '나'라는 찬양이 있다. 그는 "공평하신 하나님이 나 남이 가진 것 나 없지만 공평하신 하나님이 나 남이 없는 것 갖게 하셨네"라고 고백했다. 얼마나 은혜로운 고백인지 모른다. 송명희 시인을 무척 좋아하는 홍정길 목사님은 가끔 이렇게 말씀하셨다.

"송명희 씨가 하나님이 공평하다고 하면 하나님은 공평하신 것이다."

그 말씀이 옳다. 송명희 시인이 하나님을 공평하신 분으로 고백했다면 하나님은 공평하신 분이시다. 이 고백 앞에 누가 하나님을 불공평하신 분으로 이야기할 수 있을까.

송명희 시인은 왜 하나님을 공평하신 분으로 고백했을까? 가난과 장애가 가져다주는 삶의 고통은 그것을 겪고 있는 당사자가 아니면 어느 누구도 대신 경험할 수 없는 것이다. 그러나 이런 고통 속에서도 송명희 시인은 가난과 장애가 자신을 불행하게 만드는 것이 아니라는 사실을 깨달았다. 그렇기 때문에 하나님을 공평하신 분으로 고백할 수 있었다. 그는 가난과 장애에도 불구하고 좀더 중요한 것에서 자기 삶의 의미와 행복을 찾았다.

부자가 되었다고 해서 그것이 곧 인생의 승리와 성공을 의미하는 것은 아니다. 또 그것이 행복한 삶 자체를 보장하지도 않는다. 그러므로 부자를 '잘 사는 사람'이라고 부르는 것은 정당하지 않다. 가난한 사람이 된다는 것이 그리 유쾌하지는 않으나 가난한 사람이 된다고 그의 인생이 실패했다거나 불행해졌다고 말할 수는 없다. 그러므로 가난한 사람을 '못 사는 사람'이라고 부르는 것도 정당하지 않다.

부자가 자신의 인생에서 성공하고 승리하여 행복을 누리기 위해 노력하며 투자해야 할 분량과 가난한 사람이 자신의 인생에서 성공하고 승리하여 행복을 누리기 위해 노력하며 투자해야 할 분량이 같다고 말하면 현실을 외면한 낭만적인 이야기가 될까?

나는 부자로 사는 것이 좋다. 나는 가난한 사람이 되는 것이 싫다. 그러나 나는 가난이 무섭지 않다. 가난하게 되는 것이 싫지만 만일 가난하게 되더라도 그 속에서 행복하게, 성공적으로 잘 살기 위해 최선을 다할 것이며 결국 가난을 극복할 것이다. 나는 정말 그럴 자신이 있다.

부자도 얼마든지 인생에서 실패할 수 있고 가난한 자도 얼마든지 인생에서 성공할 수 있다. 나는 여기서 하나님의 공평하심을 발견한다. 어떤 사람은 부자로, 어떤 사람은 가난한 사람으로 태어나게 하신 것을 보면서 하나님을 불공평한 분으로 느낄 때가 있었지만 지금은 좀더 깊은 의미에서 하나님을 공평하신 분으로 고백한다.

둘째, 우리가 생각하는 그 불공평 속에 생명과 사랑의 원칙이 숨어 있다.

나는 생명과 사랑의 기본 원칙 중 하나를 '흐름'이라고 생각한다. 공기의 흐름과 물의 흐름이 생명을 위해 소중하듯 돈의 흐름과 사랑의 흐름이 우리의 생명을 위해 얼마나 중요한지 모른다. 이 '흐름'을 위한 가장 중요한 원칙이 무엇일까? 그것은 불공평과 불평등이다. 높은 곳이 있고 낮은 곳이 있어야 물이 흐른다. 강한 곳이 있고 약한 곳이 있어야 바람이 불고 공기가 흐른다. 하나님은 이런 '흐름'을 위하여 세상을 어떤 곳은 높게, 어떤 곳은 낮게 창조하셨다. 또 어떤 곳은 강하게 어떤 곳은 약하게 창조하셨다. 사람도 마찬가지이다. 하나님은 사람도 어떤 사람은 부하게 어떤 사람은 가난하게, 어떤 사람은 건강하게 어떤 사람은 약하게 창조하심으로써 그 사이에 생명의 흐름이 일어나게 하셨다.

'흐름'에는 중요한 원칙이 있다. 그것은 높은 곳에서 낮은 곳으로, 강한 곳에서 약한 곳으로 흐른다는 것이다. 물은 높은 곳에서 낮은 곳으로 흐르며 바람은 강한 곳에서 약한 곳으로 분다. 이것이 흐름의 원칙이다. 이 흐름의 원칙이 사람에게도 적용된다.

믿음이 강한 우리는 마땅히 믿음이 약한 자의 약점을 담당하고 자기를 기쁘게 하지 아니할 것이라 우리 각 사람이 이웃을 기쁘게 하되 선을 이루고 덕을 세우도록 할지니라 **롬 15:1,2**

하나님의 원칙은 강한 자가 약한 자를 돕고 섬겨야 한다는 것이다. 부자가 가난한 자를 돕고 섬기라는 것이다. 이것이 구약에서 신약에 이르기까지 하나님이 하고 계신 일관된 말씀이며 가르치심이다.

그러나 사탄은 이 생명의 원칙을 바꾸어놓았다. 흐름을 바꾸어놓은 것이다. 높은 곳에서 낮은 곳으로 흘러야 할 것을 낮은 곳에서 높은 곳으로, 강한 곳에서 약한 곳으로 흘러야 할 것을 약한 곳에서 강한 곳으로 흐르게 바꾸어놓았다. 우리가 살고 있는 이 세상이 바로 그렇다. 모든 것이 하나님이 처음 의도하셨던 것과 전혀 다른 방향으로 흐르고 있다.

돈을 비롯한 모든 것이 약한 곳에서 강한 곳으로 흐르고 있다. 낮은 곳에서 높은 곳으로 흐르고 있다. 그래서 강한 자들은 더욱더 강해지고 약한 자들은 더욱더 약해지고 있다. 부자는 가만히 있어도 점점 더 부자가 되고 가난한 자들은 최선을 다해도 점점 더 가난하게 된다. 모든 것이 약한 곳에서 강한 곳으로, 가난한 곳에서 부한 곳으로 흐르더니, 이제는 강하고 부한 곳에 정체하여 더는 흐르려 하지 않는다. 그래서 가난하고 약한 자는 절망하고 부하고 강한 자는 타락하게 된다. 정체는 결국 가난한 자와 부한 자, 그리고 약한 자와 강한 자 모두를 파멸로 이끌어간다.

그러나 하나님의 원칙이 적용되던 세상은 그렇지 않았다. 물이 높은 곳에서 낮은 곳으로 흐르듯 사람의 마음과 돈이 높은 곳에서 낮은 곳으로 흘렀다. 강한 자가 약한 자를 진심으로 섬겼다. 약하고 가난한 자들은 사랑을 받았고 강하고 부유한 자들은 존경을 받았다. 초대교회의 모습이 그랬다.

초대교회에는 가난한 자와 부유한 자, 강한 자와 약한 자가 함께 있었다. 그리고 부한 자가 가난한 자를, 강한 자가 약한 자를 사랑으로 섬겼다. 기쁨으로 함께 떡을 떼는 마음이 있었고 서로 통용하는 삶이 있었다. 그곳의 삶은 천국의 삶이었다. 하나님이 원하시는 삶이었다.

초대교회는 가난한 사람도 있고 부유한 사람도 있고 약한 사람도 있고 강한 사람도 있었지만 불공평과 불평등에 대한 하나님의 의도가 적용되었기 때문에 가난한 자도 부한 자도 없으며 약한 자도 강한 자도 없는, 세상과는 비교할 수도 없는 생명과 사랑과 축복이 넘치는 아름다운 생활을 할 수 있었다. 이런 의미에서 나는 무조건 부(富)를 부정하거나 부자의 것을 강제로 빼앗아 가난한 사람에게 나누어주어 인위적으로 평등한 세상을 만들려는 사회주의적인 평등에 찬성하지 않는다.

하나님의 심부름꾼

신문을 읽다가 평생 잊지 못할 아름다운 일을 발견한 적이 있었다. 벌써 40년도 더 지난 일인데 내게는 바로 어제 있었던 일처럼 기억이 생생하다.

1981년 1월 18일자 '조선일보'에 정신박약아로 태어난 아이들을 교육하고 훈련시키는 사설 단체가 돈이 없어서 집세를 못 내고 쫓겨나게 되었다는 기사가 실렸다. 이틀 후 사십 대주부 한 명이 190만 원을 들고 그 신문사를 찾았는데 그들을 도와주라며 돈을 내놓았다는 것이다.

돈을 내놓은 아주머니에게 기자가 이름과 주소를 묻자 자기는 심부름 온 것뿐이라며 끝내 이름과 주소를 밝히지 않고 쪽지 한 장만 남기고 떠났다고 했다.

그 쪽지에 이런 내용이 적혀 있었다고 기억한다.

"어제 빨래를 하고 있는데 중학교에 다니는 둘째 아이가 신문을 들고 와서 '엄마, 엄마, 우리가 도와주어야 할 사람들이 생겼어요'라고 소리쳤습니다. 나는 아이가 들고 온 신문을 보고 도와주어야겠다는 생각을 했습니다. 제게는 중학교와 고등학교에 다니는 두 아들이 있는데 둘 다 전교에서 1,2등을 다투는 수재입니다. 하나님께서 저에게 이런 아들을 둘씩이나 주신 것은 자랑하거나 뽐내라고 주신 것이 아니라 어려운 이들을 돕고 섬기라고 주신 것입니다. 그래서 제가 갖고 있는 돈 가운데 큰아이의 대학입학 준비금을 제외한 모든 돈을 가지고 왔습니다. 이 돈으로 밀린 집세도 내고 연탄도 사서 불도 때주시기 바랍니다. 하나님이 지금은 이 정도의 심부름밖에는 시키지 않으셨지만 나중에는 더 큰 심부름을 시키실 줄로 믿습니다."

  그 돈은 그 아주머니의 돈임에 틀림없었다. 그러나 그 아주머니는 그 돈을 자기 돈으로 생각하지 않았다. 그 돈의 진정한 주인은 하나님이시고 자기는 그 돈을 맡아 관리하는 청지기라고 생각했던 것이다.

  그리고 그해 11월 말쯤 어느 고아원 아이들이 스웨터를 입고 활짝 웃는 모습의 사진이 그 신문에 실렸다. 사진 아래 "아줌마, 고마워요"라는 글이 적혀 있었다. 기사를 자세히 읽어 보니 1월에 190만 원을 선뜻 내놓았던 그 아주머니가 일 년 동안 열심히 뜨개질하여 만든 스웨터 수십 벌을 가지고 와서 고아원에 보내달라고 부탁했다는 것이다. 여전히 그 부인은 쪽지 한 장만 남기고 갔는데, 그 쪽지에는 여섯 명의 왕자가 마녀의 저주를 받고 백조가 되자 여동생 엘리사가 6년 동안 쐐기풀로 스웨터를 짜서 그것을 던져주어 마법을 풀었다는 이야기와 함께 "나면서부터 몸과 마음이 추운 아이들의 마음을 따뜻이 녹여줄 수만 있다면 6년이 아니라 60년이라도 이 스웨터를 짜겠습니다"라고 적혀 있었다고 한다.

  건강하고 부한 사람들이 모두 이런 마음을 갖고 산다면 세상이 조금 불공평해도 좋지 않을까? 하나님은 그렇게 살라고 우리를 어떤 사람은 부하게 어떤 사람은 가난하게, 어떤 사람은 강하게 어떤 사람은 약하게 만드신 것이 아닐까?

　사람이 모두 다 공평하여 가난한 사람도 없고 병들고 약한 사람도 없다면, 그래서 특별히 누구의 도움이나 사랑, 섬김이 필요 없다면 세상은 얼마나 밋밋하고 재미없을까? 사랑과 섬김이 필요 없는 공평한 세상은 우리가 상상하는 것처럼 그렇게 아름다운 세상은 아닐 것임에 틀림없다.

들쑥날쑥한 산이 좋아

　나는 외국여행을 하면서 끝없이 펼쳐진 평원을 자주 보았다. 하루 종일 기차를 타고 달려도 작은 언덕 하나 보이지 않는 넓은 평원을 바라보는 일은 참으로 지루하다. 거기서는 아름다움을 찾아보기 어렵다. 나는 여행을 하면서 우리나라가 참 아름답다고 생각했다. 세계 여러 나라를 여행하면 할수록 우리나라가 아름답다는 생각은 점점 더 깊어만 간다. 왜 그럴까? 그것은 산 때문이다. 우리나라처럼 아름다운 산이 많은 나라가 전세계에 얼마나 될까?

　나는 세상도 마찬가지가 아닐까 생각한다. 이 세상에 넓은 평원만 있다면 얼마나 지루하겠는가? 높고 낮음, 강하고 약한 것이 공존하지만 그 속에 담긴 하나님의 의도와 뜻대로 강한 자가 약한 자를 섬기며 살기만 한다면 사회주의의 평등과는 비교도 되지 않을 만큼 아름다운 세상이 되지 않을까?

천민자본주의는 약자가 강자를 섬기며 가난한 자의 소유가 부한 자들에게 침식당하는 악한 구조를 가지고 있다. 이것은 하나님의 의도와는 정반대되는 사탄의 구조이다. 그러나 무조건 부자와 강한 자를 부정하고 사회주의적 평등을 주장하는 것도 깊은 생각이 아니다. 약한 자도 있고 강한 자도 있는, 가난한 자도 있고 부한 자도 있는 불공평해 보이는 구조 속에서, 하나님의 의도대로 강한 자가 약한 자를 섬기며 사회주의적 평등이 줄 수 없는 아름다운 세상을 이루어가는 것이 크리스천들이 해야 할 소임이다.

약육강식이 아니라

지금은 돌아가셨지만, 내가 존경하고 좋아하던 장로님 한 분이 지방에서 큰 백화점을 하셨다. 그 분은 백화점에 시설 좋은 헬스장을 만들려고 인테리어까지 시작했는데, 어느 날 자기 사무실에서 내려다보니 저 아래 개인이 하는 작은 헬스장이 하나 보인 것이다. 그것을 보고 헬스클럽 만드는 것을 중단했다. '우리는 헬스장 안 해도 먹고 사는 데 아무 지장이 없지만, 우리가 이것을 하면 저 사람은 망한다'라면서 이미 많은 투자가 이뤄졌음에도 바로 그만뒀다.

약육강식 안 하는 것, 바로 이 마음이 예수 믿는 우리에게 있어야 한다. 지금 세상을 보면 재벌이 되었어도 동네 구멍가게까지 다 장악하려고 하지 않는가? 이것은 기독교적인 사업관이 아니라고 생각한다. 강자가 약자를 먹는 게 아니라 이리와 어린 양이 함께 뒹구는 그런 세상을 꿈꾸면 좋겠다.

나는 모든 그리스도인들이 강한 자가 약한 자를 섬기고 부한 자가 가난한 자를 섬겨, 구조적인 공평함으로는 절대 이룰 수 없는 따뜻하고 아름다운 세상을 만들어가게 되기를 소원하며 기도한다.

하늘에 보물 쌓는 부자가 되는 법 11

1 불공평함 속에 하나님의 사랑의 원칙이 숨어 있다.
   하나님은 사랑의 '흐름'을 위해 어떤 곳은 높게 어떤 곳은 낮게 만
   드셨다. 강한 자가 약한 자를 섬기고 부한 자가 가난한 자를 돕
   도록 하셨다.

2 섬김과 나눔이 있는 아름다운 세상을 만들라.
   무조건 부한 자와 강한 자를 부정하는 것은 잘못된 태도이다. 하
   나님의 뜻대로 강한 자가 약한 자를 섬기고 부한 자가 가난한 자
   를 돕는 세상을 만드는 것이 크리스천인 우리가 해야 할 일이다.

chapter 12

하나님을 위하는 부자가 되라

상한 갈대, 꺼져가는 등불

이 세상은 가난하고 약한 자들에 대한 편견으로 가득 차 있다. 사람들은 가난하고 약한 자들을 업신여기며 눈에 보이게, 또 보이지 않게 그들을 차별하고 있다. 그리고 우리 모두 이런 차별과 편견의 피해자인 동시에 가해자로 세상을 살아가고 있다. 가난하고 약한 자들을 차별하는 일은 옳지 않다. 특히 예수를 믿는 사람은 절대로 그렇게 해서는 안 된다.

하나님께 천벌 받을 사람이 있다면 그는 다른 사람을 깔보고 업신여기는 사람일 것이다. 하나님이 사랑하고 귀히 여기시는 사람을 가난하다고, 좀 약하다고 하여 깔보고 업신여기는 것은 하나님을 깔보고 업신여기는 것과 같아서 하나님의 축복은 고사하고 하나님의 저주와 심판을 받게 될 것이다.

하나님께 복을 받기 위한 지름길이 있다. 그것은 사람을 귀히 여기고 사랑하는 일이다. 특히 사람들이 깔보고 업신여기는 자들을 귀히 여기는 자에게, 하나님은 잊지 않고 상과 복을 주실 것이다. 왜냐하면 그 일이 하나님을 가장 기쁘시게 하기 때문이다. 하나님은 작은 자 한 사람에게 냉수 한 그릇을 대접하는 자를 하나님을 대접하는 자로 여기시고 그에게 반드시 상을 주시겠다고 말씀하셨다. 그리고 참된 경건이란 가난한 자와 약한 자를 돕고 섬기는 것이라고 말씀하셨다.

이 세상은 가난하고 약한 자에게 편견을 갖고 있는 것처럼 부하고 강한 자들에게도 똑같은 편견을 갖고 있다. 그래서 우리는 종종 부하고 강한 자들을 무조건 악한 사람으로 몰아붙인다. 그러나 이것 또한 가난하고 약한 자들에 대한 편견만큼이나 옳지 않다. 이것은 절대로 기독교적 생각이 아니다.

하나님은 상한 갈대를 꺾지 아니하며 꺼져가는 등불을 끄지 않으시는 분이다. 많은 사람들이 이 말씀을 오해하고 있다. 하나님께서 상한 갈대를 좋아하시고 꺼져가는 등불을 좋아하시는 줄로 말이다. 그러나 하나님은 상한 갈대를 꺾지 않으시지만 우리가 상한 갈대 같은 사람이 되는 것을 좋아하지는 않으신다. 오히려 우리가 누구도 쉽게 꺾을 수 없는 백향목과 같은 단단한 나무가 되기를 원하신다. 마찬가지로 하나님은 꺼져가는 등불도 끄지 않는 분이시지만 우리가 꺼져가는 등불과 같은 사람이 되는 것을 좋아하지 않으신다. 하나님은 오히려 우리가 어떤 바람에도 쉽게 꺼지지 않는 횃불 같은 사람이 되기를 원하신다.

하나님은 우리에게 낮아지라고 말씀하신다. 우리는 하나님이 말씀하시는 이 낮아짐을 정확히 이해해야 한다. 하나님이 우리에게 낮아지라고 하실 때 이것은 자세에 대한 말씀이지 실력에 대한 말씀이 아니다. 자세가 높은 것은 분명 교만이다. 그러나 실력이 높은 것까지 교만으로 몰아붙인다면 이것은 나쁜 일이다. 사탄에게 속는 일이다.

가난한 자 차별, 부자 차별

1992년부터 해외에 있는 한국 유학생들에게 말씀을 전하기 시작했는데, 나는 그들에게 '고지를 정복하라'는 내용의 설교를 자주 했다. 자세는 낮아야 하지만 실력은 높아야 한다고 생각하기 때문이다. 사람들은 내 설교를 듣고 '고지론'이라는 이름을 붙여주었다.

그런데 문제가 생겼다. 설교 내용은 듣지 않고 설교 제목만 보고 들은 사람들 가운데 내 설교를 오해하는 사람들이 생긴 것이다. 그들은 나를 엘리트주의에 빠졌다고 비판했다. 그리고 '미답지론'이라는 새로운 주장이 등장하게 되었다.

사람들은 고지론과 미답지론을 마치 상반된 주장처럼 생각하고 서로 논쟁하지만 사실은 그렇지 않다. 고지론의 궁극적인 목적이 미답지론이기 때문이다. 낮은 곳, 사람들이 좀처럼 가려고 하지 않는 곳을 가려면 먼저 실력의 고지를 정복해야만 하기 때문이다. 고지론과 미답지론은 서로 상반된 이론이 아니다. 동전의 앞뒤 면처럼 상호보완적인 이론이다.

나는 우리가 가난해질 수도 있고 약해질 수도 있다고 생각한다. 예수 믿는 우리는 얼마든지 가난하고 약한 가운데서도 자족하며 살 수 있기 때문이다. 그러나 나는 우리 모두 가난해야만 하고 약한 사람이 되어야만 한다고는 생각하지 않는다. 원칙적으로 나는 예수 믿는 우리는 할 수 있는 대로 강하고 부한 자가 되어야 한다고 생각한다. 그래야만 이 세상이 복을 받는다고 생각한다. 부하고 강한 자가 되었으나 예수 믿는 사람답게 살지 못하고 세상의 부자와 강한 자처럼 사는 경우도 많다. 그러나 그렇다고 해서 예수 믿는 사람은 무조건 가난하고 약하고 낮아져야 한다고 주장하는 것은 옳지 않다.

예수 믿는 우리가 궁극적으로 욕심내고 도전해야 할 것은 우리가 부자가 되고 강한 자가 되어서 예수 믿는 사람답게 사는 일이다. 물론 예수 믿는 사람답게 산다면 가난해도 아무런 문제가 없다. 나는 그것을 인정한다. 그러나 예수 믿는 사람답게 사는 부자가 된다면 이 세상은 지금보다 훨씬 더 살기 좋은 세상이 될 것이다. 이렇게 되면 건강한 흐름이 유발되리라고 보기 때문이다. 강한 자가 약한 자를 섬기며 부자가 가난한 자들에게 베푸는 아름다운 세상이 될 것이다. 세상이 오늘날 이처럼 악하고 볼품없게 된 것은 첫째, 예수 믿지 않는 사람들이 강하고 부한 자가 되었기 때문이고, 둘째, 예수 믿는 사람이 강하고 부한 자가 되었어도 그들이 세상사람들과 똑같이 살고 있기 때문이다.

　가난하고 약한 사람들을 차별하고 멸시해서는 안 된다. 마찬가지로 부하고 강한 사람을 무조건 죄악시하고 매도해서도 안 된다. 부자를 무조건 죄악시하기보다는 그가 돈을 어떻게 벌었는지 따져보는 일이 중요하다. 부정직하게, 떳떳하지 못하게 돈을 번 부자라면 그를 부정적으로 생각하고 판단하는 것이 마땅하다. 또 아무리 정직하게 돈을 벌었다고 해도 돈을 써야 할 곳에 바로 쓰지 않고 자기만 위해 쓰는 부자라면 그 또한 부정적으로 생각하고 판단할 수 있다. 그러나 정직하고 반듯하게 돈을 벌려고 애쓰고 자기가 번 돈 중에 상당 부분을 남을 위해 바르게 쓰려고 노력하는데도 그가 부자라서, 보통 사람보다 좀 넉넉하고 여유 있게 산다고 해서 무조건 부정적으로 판단하는 것은 지나친 일이다.

형평성의 오류

나는 내가 번 돈 중에 남의 몫이 있다고 생각한다. 하나님의 몫을 남의 몫이라고 하기에는 어폐가 있지만 분명 내가 번 돈 중에는 하나님의 몫과 가난한 이웃의 몫을 포함한 남의 몫이 있다. 내가 번 돈이니 무조건 다 내 돈이라고 하는 것은 졸부들이나 하는 짓이다. 우리는 몫 가르기를 바로 할 줄 아는 사람이 되어야만 한다.

아울러 나는 내가 번 돈 중에는 하나님이 허락해주신 내 몫도 있다고 생각한다. 그러므로 하나님이 허락해주신 몫 안에서 물질적인 여유를 누리며 사는 것은 악한 일이 아니다. 이것도 하나님이 우리에게 주신 복 중에 하나이다. 넓은 집에 산다고 해서, 좋은 차를 타고 좋은 음식을 먹는다고 해서, 휴가 때마다 여행을 다닌다고 해서 무조건 사치한다고 비판하는 것은 지나치다.

나는 《부자 아빠 가난한 아빠》에서처럼 무조건 부자 아빠를 성공한 아빠로 가난한 아빠를 실패한 아빠로 정해놓고 이야기하는 데는 찬성하지 않는다. 그것은 유치하고 성숙하지 못한 생각이다.

그러나 반대로 부자 아빠를 무조건 부정하고 가난한 아빠를 무조건 긍정하는 태도에도 동의하지 않는다. 이것 역시 잘못된 생각이기 때문이다. 이것은 돈에 대해 좌로나 우로 치우친 생각이다. 부자를 무조건 긍정하는 것도 옳지 않지만 부자를 무조건 부정하는 것도 옳지 않다. 이런 전제하에 나는 부자를 긍정적으로, 건강한 눈으로 볼 수 있어야 한다고 생각한다.

사람들은 목사가 어떤 차를 타고 다니는지, 몇 평짜리 아파트에서 사는지, 한 달에 생활비는 얼마나 받는지 같은 것에 지나치게 관심이 많다. 그리고 그것으로 그 목사의 목사 됨을 판단한다. 소형차를 타고 좁은 아파트에서 여유 없는 생활을 하면 그 목사는 훌륭하고 거룩한 목사라고 한다. 대개 그렇게 말하는 사람들은 큰 차를 타고 넓은 아파트에서 넉넉한 생활을 하는 목사가 반드시 성공한 목사인가 반문하면서 그런 목사를 성공한 목사로 인정하는 잘못된 시각을 비판한다. 나도 이에 동의한다.

그러나 그들 대부분은 형평성의 오류를 범하고 있다. 큰 차를 타는 것이 성공 기준이 될 수 없으면 작은 차를 타는 것 또한 훌륭함의 기준이 되어서는 안 된다. 넓은 아파트에서 사는 것이 성공의 척도가 아니라면 좁은 아파트에서 사는 것 또한 거룩함의 기준이 되어서는 안 된다.

그러나 이 세상은 넓은 아파트에서 사는 목사를 무조건 목회에 성공한 사람으로 생각하는 사람과 좁은 아파트에서 사는 목사를 무조건 거룩한 목사라고 주장하는 극단주의자들 때문에 바른 균형을 잡지 못하고 비틀거리고 있다.

부자와 강한 자 바로 보기

아주 오래전에 들은 이야기다. 지금은 상황이 그때와는 많이 달라졌지만, 아직도 많은 부분 생각할 여지를 주는 이야기라고 생각해서 소개한다. 한국 노동자들은 사장이 고급승용차를 타고 지나가면 그것을 못마땅하게 여기며 뒤에서 욕을 하지만 일본 노동자들은 몇 년 후쯤이면 자신도 저런 차를 탈 수 있을지 계산해본다고 한다. 이 이야기를 들으면서 나는 한국 노동자들보다 일본 노동자들의 생각과 자세가 좀 더 건전하고 발전적이라고 생각했다.

여기서 우리는 한국 노동자들과 일본 노동자들이 왜 그런 생각을 하게 되었는지 짚고 넘어가야 한다. 한국 노동자는 사장과의 부(富)의 격차가 절망적으로 커서 아무리 열심히 일해도 정상적인 방법으로는 도저히 사장과 같은 차를 탈 수 없기 때문에 사장을 못마땅하게 여기고 뒤에서 욕하는 것이다. 그러나 일본 노동자들은 열심히 일하면 사장이 타고 다니는 차 정도는 살 수 있기 때문에 사장이 아무리 좋은 차를 타고 다녀도 욕하지 않는 것이다.

나는 노동자와 사장의 격차가 절망적이지 않은 세상이 좋은 세상이라고 생각한다. 누구나 최선을 다하면 얼마든지 자기의 꿈을 이루고, 넉넉하고 안정된 삶을 누릴 수 있어야 한다. 우리는 이런 세상을 만들기 위해 힘써 노력해야 한다. 그리고 이런 세상을 만든 다음에는 자기보다 좋은 차를 타고 자기보다 넓은 집에 사는 사람을 인정해주고 긍정적으로 대해주는 세상을 만들어야 한다. 그래야 세상이 건강하게 발전할 수 있다. 좋은 차를 타고 넓은 집에서 사는 것을 무조건 비판적으로 보는 세상은 절대로 발전할 수 없다.

부함과 강함에 대해 좀더 긍정적인 눈을 가져라. 부함과 강함을 무조건 부정적으로 보고 비판적으로 생각하는 자세를 버려라. 할 수 있는 대로 강한 자가 되라. 높은 자가 되라. 부한 자가 되라. 뛰어난 사람이 되라. 그렇게 되기를 힘쓰라. 바울이 하나님을 위해 로마 시민권을 쓴 것처럼 부함과 강함을 주님을 위해 선용하라.

하늘에 보물 쌓는 부자가 되는 법 12

1 자세는 낮추되 실력은 높아야 한다.
하나님이 우리에게 낮아지라고 하실 때 이것은 자세에 대한 말씀이지 실력에 대한 말씀이 아니다. 자세가 높은 것은 분명 교만이지만 실력이 높은 것까지 교만으로 몰아붙인다면 이것은 나쁜 일이다.

2 고지론과 미답지론은 상호보완적 이론이다.
고지론과 미답지론은 상반된 주장이 아니다. 고지론의 궁극적인 목적이 미답지론이기 때문이다. 낮은 곳, 사람들이 좀처럼 가려고 하지 않는 곳을 가려면 먼저 실력의 고지를 점령해야 한다.

3 부함과 강함을 무조건 부정적으로 보는 태도를 버려라.
할 수 있는 대로 부하고 강한 자가 되라. 사도 바울이 로마 시민권을 주님을 위해 사용한 것처럼 부함과 강함을 주님을 위해 선용하라.

chapter 13

하나님이 믿고 맡길 수 있는
부자가 되라

천국 신용카드

어느 재벌에게 돈 버는 법을 한경직 목사님에게서 배웠다는 이야기를 직접 들은 적이 있다. 오래전에 들은 이야기지만 나는 아직도 이 말을 분명히 기억한다. 한경직 목사님처럼 돈에 대해 모르고 산 사람이 이 세상에 또 있을까? 그런데 그 목사님에게 돈 버는 법을 배워 재벌이 되었다고 하니 내게 그 말은 참으로 신선한 충격이었다.

예수님은 "내가 곧 길이요 진리요 생명이니"라고 말씀하셨다. 물론 예수님이 말씀하신 길은 궁극적으로 하나님 아버지께로 가는 길을 의미한다. 그러나 나는 예수님이 모든 것의 길이요 진리라고 믿는다. 영적인 일에도, 육적인 일에도 예수님이 길이시라고 믿는다.

예수님은 모든 것의 길이며 식이시다. 그리고 법이시다. 그렇기 때문에 나는 돈 버는 법도 성경에 있다고 믿는다. 그러니 돈 버는 법을 한 목사님에게 배웠다는 그 재벌의 말도 전적으로 옳다. 그런 의미에서 나도 이 책을 읽는 독자들에게 '돈 잘 버는 법'을 알려주려고 한다.

예수님은 "주는 그리스도시요 살아 계신 하나님의 아들"(마 16:16)이라고 고백한 베드로에게 천국의 열쇠를 주시며 "네가 땅에서 무엇이든지 매면 하늘에서도 매일 것이요 네가 땅에서 무엇이든지 풀면 하늘에서도 풀리리라"(마 16:19)라고 말씀해 주셨다. 베드로가 예수님을 믿자 예수님도 베드로를 믿게 된 것이다.

예수님은 베드로를 믿을 수 있게 되자 즉시 천국의 열쇠를 베드로에게 주셨다. 예수님이 그동안 베드로에게 천국의 열쇠를 맡기지 못하신 것은 베드로를 완전히 믿을 수 없었기 때문이다. 예수님이 베드로를 완전히 믿을 수 없으셨던 것은 베드로가 예수님을 완전히 믿지 못했기 때문이다.

큰아이가 고등학교를 졸업하고 포항에 있는 한동대학교에 입학했다. 멀리 떨어져 있다보니 그때그때 돈을 주기가 어려웠다. 매달 용돈을 주지만 급히 돈이 필요할 경우에 그때마다 송금하는 것이 번거로웠다. 그래서 나는 큰아이에게 신용카드를 만들어주었다. 내가 큰아이에게 신용카드를 만들어준

이유는 간단하다. 내 아이를 어느 정도 믿을 수 있었기 때문
이었다. 목사 아들이어서 교회 다니는 것이 아니라 스스로 믿
음을 갖고 교회에 다닌다는 것이 내가 아이를 믿는 제일 큰 이
유였다.

신용카드를 만들어주고 일 년 가까이 내 아내는 아이의 카
드명세서를 꼼꼼히 살펴보았다. 일 년 동안 아이가 큰 실수
없이 돈을 바르게 사용하는 것을 보고 나와 아내는 아이를 전
보다 더욱 신뢰하게 되었다. 그 후로는 아이가 카드 사용하
는 것에 대해 거의 신경 쓰지 않았다.

나는 예수님이 말씀하신 천국의 열쇠는 우리가 사용하고
있는 신용카드와 같다고 생각한다. 예수님이 베드로를 완전
히 믿음으로써 천국의 열쇠를 주셨던 것처럼 예수님이 우리를
믿게 되면 우리에게 천국의 신용카드를 만들어주실 것이다.
그래서 땅에서 매면 하늘에서도 매이고 땅에서 풀면 하늘에서
도 풀리는 그런 삶을 살게 하실 것이다.

요강도 물려받는 자녀의 권세

요한복음 1장 12절에 "영접하는 자 곧 그 이름을 믿는 자
들에게는 하나님의 자녀가 되는 권세를 주셨으니"라는 말씀

이 있다. 하나님을 주(主)로 영접하면 하나님의 '종'이 되는 것이 아니라 하나님의 '자녀'가 된다는 말씀이다. 성경은 하나님의 자녀가 되는 것을 '권세'라고 말씀하셨다. 자녀의 권세가 무엇인지 아는가? 자녀의 권세란 아버지 것이 다 자기 것이 되는 것이다.

나의 아버지는 우리 집안의 가난을 늘 내게 미안해하고 안타까워하셨다. 중학교 2학년 때 내가 아버지에게 스케이트를 사달라고 하자 아버지는 나에게 미안하다고 말씀하셨다. 하나밖에 없는 아들에게 스케이트도 하나 사주지 못해 미안하다고 하셨다. 그러나 나는 아버지가 나에게 미안해하시는 것이 더 미안했다.

아버지는 세례는 받으셨지만 젊을 때는 교회생활을 열심히 하지 않으셨다. 거의 매일 술을 드시고 주정을 하셨는데 주정을 하면서도 자신이 가난하여 하나밖에 없는 아들에게 해주고 싶은 것을 마음껏 해주지 못한다며 미안해하셨다. 그러면서 이런 말씀을 하셨다.

"그래도 너는 다행이다. 형제 없이 너 혼자니까 내 것이 다 네 것이지 않느냐? 숟가락도 다 네 것이고 밥그릇 하나도 다 네 것이다."

거기까지는 괜찮았는데 "요강도 다 네 것이다"라고 하실 때는 그 말씀이 참으로 듣기 싫었다. 그러나 지금은 그 말이 그

립다. 비록 술에 취해 하신 말씀이기는 해도 그 말씀 속에는 하나밖에 없는 아들에게 뭐 하나라도 더 주고 싶어 하는 아버지의 진심이 담겨 있었다.

아버지가 돌아가신 후 그 분의 말씀대로 아버지 것은 다 내 것이 되었다. 어렵게 장만한 집도 내 것이 되었고 숟가락, 밥그릇은 물론 요강(?)까지도 다 내 것이 되었다. 그것이 바로 자녀의 권세이다.

우리가 예수를 구주로 영접하면 우리는 하나님의 자녀가 되는 권세를 얻게 된다. 하나님의 자녀가 되면 하나님의 것이 다 내 것이 되는 권세를 누리게 된다. 하나님의 집이 내 집이 되고 하나님의 것이 다 내 것이 된다.

하나님은 하나님의 것을 우리에게 모두 주고 싶어 하신다. 하나님은 그분의 통장에 있는 것을 우리가 모두 꺼내 써도 조금도 아까워하지 않으신다. 옳은 일에 바르게만 쓴다면 말이다. 왜 그럴까? 우리가 그분의 자녀이기 때문이다.

그러나 많은 사람들이 예수를 믿고서도 하나님께 천국 열쇠와 카드를 받지 못하고 있다. 그 이유는 아직 믿음의 철이 들지 않았기 때문이다. 돈에 대해, 세상에 대해, 권력과 명예에 대해 철이 들지 않았기 때문이다. 우리에게 돈과 세상과 권력을 주면 우리가 잘못되고 타락할까 걱정되어서 하나님은 우리에게 이런 것들을 마음 놓고 맡기지 못하시는 것이다. 그러나 우리가 하나님을 구주로 영접하고 믿음의 철이 들면 하나님께서는 즉시 우리에게 천국의 열쇠를 맡겨주실 것이다.

그런 의미에서 돈에 대해, 세상에 대해, 권력에 대해 바른 신앙과 이해를 갖고 사는 일은 매우 중요하다. 돈에 대해, 세상에 대해, 권력에 대해 반듯한 믿음의 자세를 갖춘다면 하나님은 우리에게 즉시 천국 열쇠를 주셔서 우리 마음대로 이 땅에서도 '풀고 매는' 삶을 살 수 있도록 하시리라고 나는 확신한다.

그렇게 되면 우리는 이 땅에서 부자도 되고 권력자도 될 것이다. 세상의 부자와 권력자와는 달리 다른 사람들을 축복하며 하나님의 영광을 드러내는 그런 부자와 권력자가 될 것이다. 나는 우리 모두 이런 복을 받을 수 있기를 전심으로 바란다.

하늘에 보물 쌓는 부자가 되는 법 13

1 예수님이 말씀하신 천국 열쇠는 신용카드와 같은 점이 있다.
주님이 베드로를 신뢰할 때에 천국 열쇠를 주신 것처럼 그분이 우
리를 믿게 되면 우리에게 천국의 신용카드를 발급해주실 것이다.
그래서 땅에서 '풀고 매는' 능력 있는 삶을 살게 하실 것이다.

2 하나님은 자신의 모든 소유를 우리에게 주고 싶어 하신다.
하나님은 자신의 통장에 있는 것을 우리가 모두 꺼내 써도 조금도
아까워하지 않으신다. 왜냐하면 우리가 하나님의 자녀이기 때문
이다.

3 세상의 부자와는 다른 '깨끗한 부자'가 되라.
세상 부자는 자기를 위해 돈을 쓴다. 믿는 부자는 다른 사람을 섬
기는 데 돈을 쓴다. 이웃을 축복하며 하나님의 영광을 드러내는
믿음 있는 부자가 되라.

깨끗한 부자

초판 1쇄 발행 2001년 10월 30일
초판 50쇄 발행 2019년 1월 28일
개정판 2쇄 발행 2023년 10월 5일

지은이 김동호

펴낸이 여진구
책임편집 이영주 박소영
편집 최현수 안수경 김도연 김아진 정아혜
책임디자인 마영애 | 노지현 조은혜 이하은
홍보·외서 진효지
마케팅 김상순 강성민 마케팅지원 최영배 정나영
제작 조영석 허병용 경영지원 김혜경 김경희 이지수

303비전성경암송학교 유니게 과정
이슬비전도학교 / 303비전성경암송학교 / 303비전꿈나무장학회

펴낸곳 규장

주소 06770 서울시 서초구 매헌로 16길 20(양재2동) 규장선교센터
전화 02)578-0003 팩스 02)578-7332
이메일 kyujang0691@gmail.com 홈페이지 www.kyujang.com
페이스북 facebook.com/kyujangbook 인스타그램 instagram.com/kyujang_com
카카오스토리 story.kakao.com/kyujangbook
등록일 1978.8.14. 제1-22

ⓒ 저자와의 협약 아래 인지는 생략되었습니다.
이 출판물은 저작권법에 의해 보호를 받는 저작물이므로 무단 전재와 무단 복제를 할 수 없습니다.

본문에 'Mapo금빛나루' 서체가 사용되었습니다.

책값 뒤표지에 있습니다.
ISBN 979-11-6504-433-6 03230

규 | 장 | 수 | 칙

1. 기도로 기획하고 기도로 제작한다.
2. 오직 그리스도의 성품을 사모하는 독자가 원하고 필요로 하는 책만을 출판한다.
3. 한 활자 한 문장에 온 정성을 쏟는다.
4. 성실과 정확을 생명으로 삼고 일한다.
5. 긍정적이며 적극적인 신앙과 신행일치에의 안내자의 사명을 다한다.
6. 충고와 조언을 항상 감사로 경청한다.
7. 지상목표는 문서선교에 있다.

하나님을 사랑하는 자 곧 그의 뜻대로 부르심을 입은 자들에게는 모든 것이 合力하여 善을 이루느니라(롬 8:28)

Member of the Evangelical Christian Publishers Association

규장은 문서를 통해 복음전파와 신앙교육에 주력하는 국제적 출판사들의 협의체인 복음주의출판협회(E.C.P.A:Evangelical Christian Publishers Association)의 출판정신에 동참하는 회원(Associate Member)입니다.